Impressum
Verlag: BABADADA GmbH, Nedderfeld 112 , 22529 Hamburg
Geschäftsführer / Verlagsleitung: Harald Hof
Druck: Books on Demand GmbH, In de Tarpen 42, 22848 Norderstedt

Imprint
Publisher: BABADADA GmbH, Nedderfeld 112 , 22529 Hamburg, Germany
Managing Director / Publishing direction: Harald Hof
Print: Books on Demand GmbH, In de Tarpen 42, 22848 Norderstedt, Germany

សាលារៀន

ትምህርት ቤት

សម្ពៀតស្បែក

የጀርባ ቦርሳ

ប្រអប់ដាក់ខ្មៅដៃ

የእርሳስ መያዣ

ខ្មៅដៃ

እርሳስ

ប្រដាប់ខួងខ្មៅដៃ

የእርሳስ መቅረጫ

ជ័រលុប

ላጲስ

ផ្ទាំងគំនូរ

የስዕል ደብተር

គំនូរ
....
ስዕል

ជក់គូរ
....
የቀለም ብሩሽ

ប្រអប់ថ្នាំលាប
....
የቀለም ሳጥን

កន្ត្រៃ
....
መቀስ

កាវបិទ
....
ማጣበቂያ

សៀវភៅលំហាត់
....
መልመጃ ደብተር

កិច្ចការផ្ទះ
....
የቤት ስራ

12

លេខ
....
ቁጥር

2+2

បូក
....
መደመር

5-2

ដក
....
መቀነስ

2×2

គុណ
....
ማባዛት

គណនា
....
ቁጥሮችን ማስላት

A

លិខិត
....
ደብዳቤ

ABCDEFG HIJKLMN OPQRSTU VWXYZ

អក្ខរក្រម
....
ፊደላት

ពាក្យ
....
ቃል

អត្ថបទ

ዕሁፍ

អាន

ማንበብ

ជ័ស

ጠመኔ

មេរៀន

ትምህርት

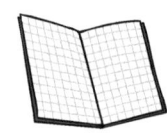

ចុះឈ្មោះ

ምዝገባ

ការប្រលង

ፈተና

វិញ្ញាបនបត្រ

ሰርተፊኬት

ឯកសណ្ឋានសាលា

የትምህርት ቤት የደንብ ልብስ

ការអប់រំ

ትምህርት

សព្វវចនាធិប្បាយ

አዉደ ጥበብ

សាកលវិទ្យាល័យ

ዩኒቨርስቲ

មីក្រូទស្សសន៍

የምርምር አጉሊ መሳርያ

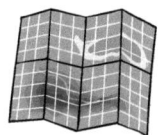

ផែនទី

ካርታ

កន្ត្រកដាក់សំរាមករដាស

የቆሻሻ ወረቀት መጣያ ቅርጫት

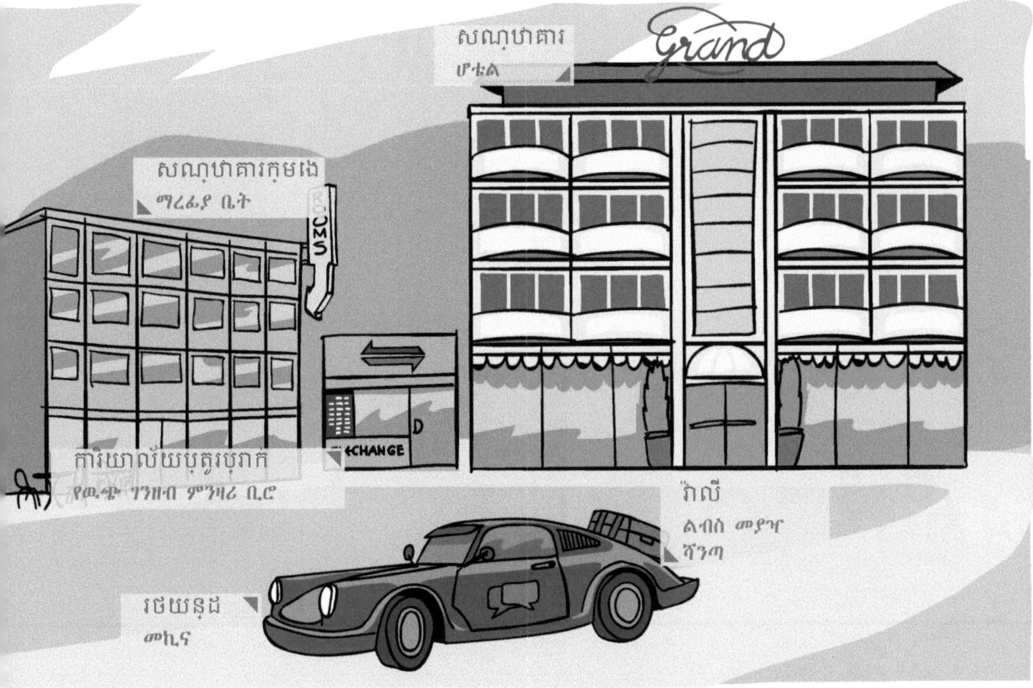
សណ្ឋាគារ
ሆቴል
Grand
សណ្ឋាគារក្មេង
ማረፊያ ቤት
ROOMS
ការិយាល័យប្តូរប្រាក់
የዉጭ ገንዘብ ምንዛሪ ቢሮ
EXCHANGE
វ៉ាលី
ልብስ መያዣ
ሻንጣ
រថយន្ត
መኪና

ភាសា

ቋንቋ

បាទ / ទេ

አዎ/ አይደለም

យល់ព្រម

እሺ

សាយ័ន្តសួស្តី!

ሰላም

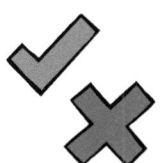

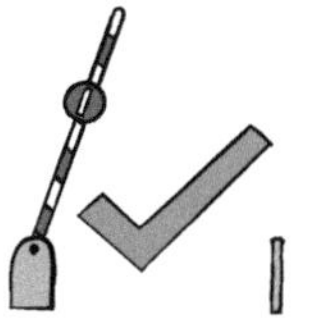

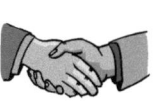

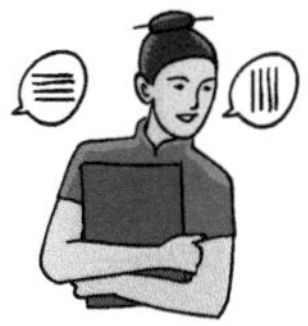

អ្នកបកប្រែ

አስተርጓሚ

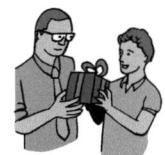

សូមអរគុណ

አመሰግናለሁ

ថ្លៃប៉ុន្មាន... ?

ស្នត់ ነ็...?

ខ្ញុំមិនយល់

አልገባኝም

បញ្ហា

አክል

ទិវាសួស្ដី!

እንደምን አመሹ!

អរុណសួស្ដី!

እንደምን አደሩ!

រាត្រីសួស្ដី!

መልካም ምሽት!

លាហើយ

ደህና ይሰንብቱ

ទិសដៅ

አቅጣጫ

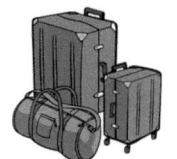

អីវ៉ាន់

ሻንጣ

កាបូប

ቦርሳ

កាបូបស្ពាយកូនហោយ

የጀርባ ቦርሳ

ក្ញេរៀ

እንግዳ

បន្ទប់

ክፍል

ថង់ដេក

የመተኛ ቦርሳ

គម់

ድንኳን

ព័ត៌មានទូរសេចរណ៍

የጎብኚዎች መረጃ

ឆ្នេរ

የባህር ዳርቻ

កាតឥណទាន

ክሬዲት ካርድ

អាហារពេលព្រឹក

ቁርስ

អាហារថ្ងៃត្រង់

ምሳ

អាហារពេលល្ងាច

እራት

សំបុត្រ

ቲኬት

ជណ្ដើរថ្វេីយនុជ

አሳንሰር

តុក

ማህተም

ព្រំដែន

ድንበር

គយ

ባህሎች

ស្ថានទូត

ኤምባሲ

ទិដ្ឋហាការ

ቪዛ/የይለፍ ወረቀት

លិខិតឆ្លងដែន

ፓስፖርት

ការដឹកជញ្ជូន

መጓጓዣ

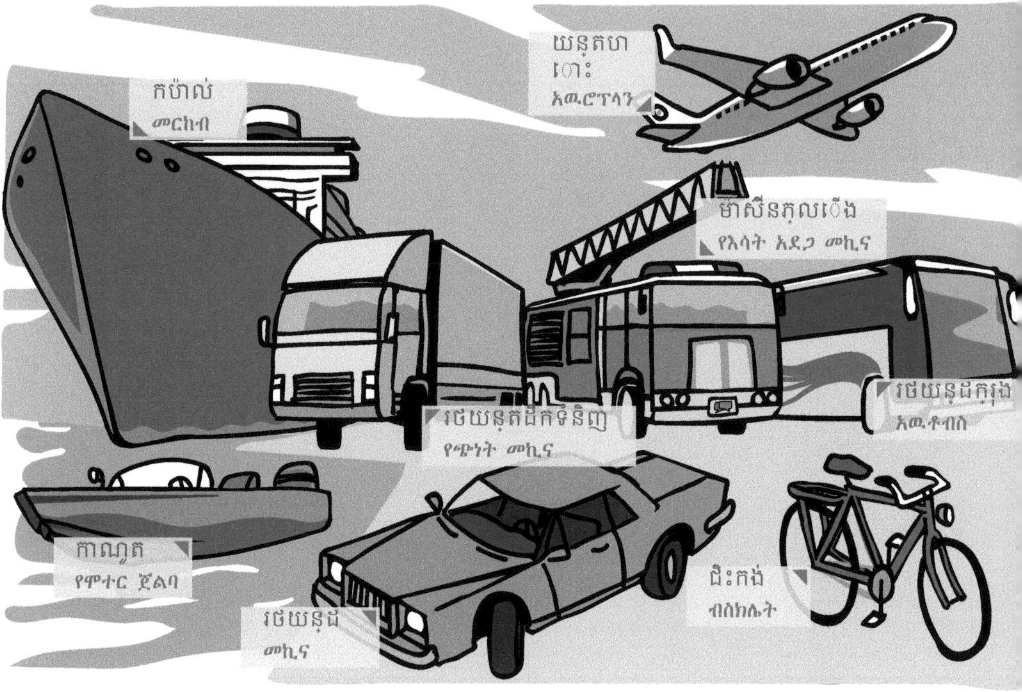

កប៉ាល់
መርከብ
យន្តហោះ
አዉሮፕላን
ម៉ាសីនភ្លើង
የእሳት አደጋ መኪና
រថយន្តក្រុង
አዉቶብስ
រថយន្តដឹកទំនិញ
የጭነት መኪና
កាណូត
የሞተር ጀልባ
ជិះកង់
ብስክሌት
រថយន្ដ
መኪና

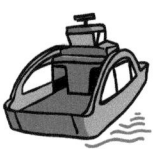

សាឡាង

የማመላለሻ ጀልባ

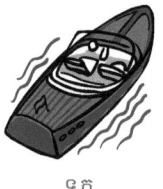

ទូក

ጀልባ

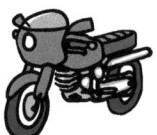

ម៉ូតូ

የሞተር ብስክሌት

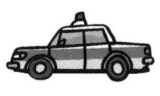

រថយន្តប៉ូលិស

የፖሊስ መኪና

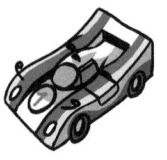

រថយន្តប្រណាំង

የዉድድር መኪና

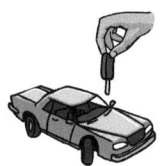

រថយន្តជួល

የኪራይ መኪና

ការចែកវែលវែវថយនុត

የመኪና መጋራት

ឡានស្ទូច

ጎታች መኪና

ឡានបរមួលសំរាម

የቆሻሻ ጭነት መኪና

ម៉ូ្ទ័រ

ሞተር

ប្រេងឥន្ធនៈ

ነዳጅ

ស្ថានីយបុរេង

የቤንዚን ማደያ

សូលាកសញ្ញាចរាចរណ៍

የመንገድ ምልክት

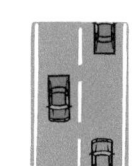

ការធ្វើវើចរាចរណ៍

የመኪኖች እንቅስቃሴ

កកស្ទៈចរាចរណ៍

የመኪና መጨናነቅ

ចំណត

የመኪና ማቆሚያ

ស្ថានីយរថភ្លើង

የባቡር ጣቢያ

ផ្លូវដេកែ

የባቡር ሀዲዶች

រថភ្លើង

ባቡር

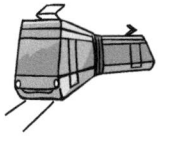

រថអគ្គីសនី

የኤሌክትሪክ ባቡር

ទូរថភ្លើង

ሰረገላ

ឧទ្ធម្ភាគចក្រ

ሄሊኮፕተር

ពុរលានយន្តហោះ

አየር ማረፊያ

ប៉ម

ማማ

អ្នកដំណើរ

መንገደኛ

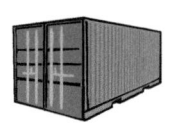

កុងតឺន័រ

ማስቀመጫ፤ ማጠራቀሚያ

ករដាសកាតុង

ካርቶን እቃ ማሸጊያ

រទេះ

ጋሪ፤ ተሳቢ

កញ្ចប់

ቅርጫት

ហោះឡ្បើង / ចុះ

መነሳት/ ማረፍ

ភូមិ

መንደር

កណ្តាលទីក្រុង

የከተማ ማዕከል

ផ្ទះ

ቤት

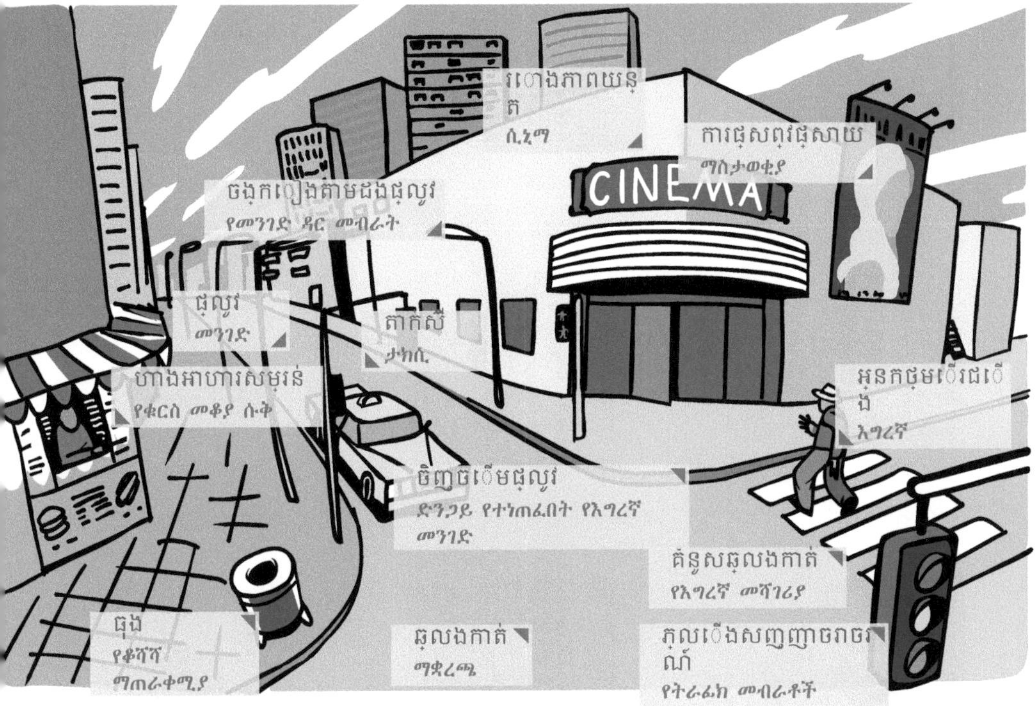

រោងភាពយន្ត
ሲኒማ
ការផ្សព្វផ្សាយ
ማስታወቂያ
CINEMA
ចង្កៀងតាមដងផ្លូវ
የመንገድ ዳር መብራት
ផ្លូវ
መንገድ
តាក់ស៊ី
ታክሲ
ហាងអាហារសម្រន់
የቁርስ መቆያ ሱቅ
អ្នកថ្មើរជើង
እግረኛ
ចិញ្ចើមផ្លូវ
ድንጋይ የተነጠፈበት የእግረኛ መንገድ
គំនូសឆ្លងកាត់
የእግረኛ መሻገሪያ
ធុង
የቆሻሻ ማጠራቀሚያ
ឆ្លងកាត់
ማቋረጫ
ភ្លើងសញ្ញាចរាចរណ៍
የትራፊክ መብራቶች

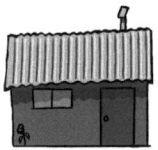

ខ្ទម

ጎጆ

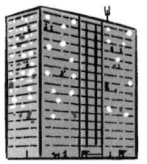

ផ្ទះល្វែង

አፓርታማ

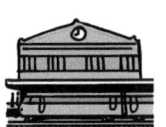

ស្ថានីយរថភ្លើង

የባቡር ጣቢያ

សាលាក្រុង

የከተማ አዳራሽ

MUSEUM

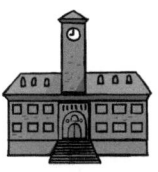

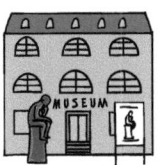

សារមន្ទីរ

ቤተ መዘክር

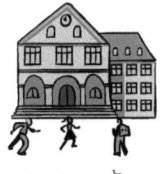

សាលារៀន

ትምህርት ቤት

សាកលវិទ្យាល័យ

ዩኒቨርስቲ

ធនាគារ

ባንክ

មន្ទីរពេទ្យ

ሆስፒታል

សណ្ឋាគារ

ሆቴል

ឱសថស្ថាន

መድሐኒት ቤት

ការិយាល័យ

ቢሮ

ហាងលក់សៀវភៅ

መፅሐፍ መሸጫ

ហាង

ሱቅ

ហាងផ្កា

የአበባ መሸጫ

ផ្សារទំនើប

የሸቀጣ ሸቀጥ መደብር

ទីផ្សារ

ገበያ ስቶሩ

ហាងទំនិញ

መደብር

ហាងលក់ត្រី

የዓሳ ነጋዴ

មជ្ឈមណ្ឌលផ្សារទំនើប

የገበያ ማዕከል

កំពង់ផែ

ወደብ

ឧទ្យាន

መናፈሻ ቦታ

បង់

አግዳሚ ወንበር

ស្ពាន

ድልድይ

ជណ្តើរ

ደረጃዎች

ផ្លូវក្រុរទោមជើ

ዉስጥ ለዉስጥ

ផ្លូវរូងក្រុរទោមជើ

ዋሻ

ចំណតរថយន្ដក្នុង

የአዉቶቡስ ፌርማታ

ហារ

ባር

ភោជនីយដ្ឋាន

ምግብ ቤት

ប្រអប់សំបុត្រ

የፖስታ ሳጥን

សញ្ញាតាមដងផ្លូវ

የመንገድ ምልክት

ឧបករណ៍ប្រមូលផ្លចំណត

የመኪና ማቆሚያ ሒሳብ የሚያሰላ ማሽን

សួនសត្វ

የደር እንስሳት ማቆያ

អាងហាលេទឹក

የመዋኛ ገንዳ

វិហារអ៊ីស្លាម

መስጊድ

កសិដ្ឋាន

እርሻ

ការបំពុល

የሚበክል ነገር

វាលកប់ខ្មោចពេច

መቃብር ስፍራ

ពួរវិហារ

ቤተ ክርስቲያን

គូររៀងអិលកុមងលង

መጫወቻ ሜዳ

បុរសាទ

ቤተ መቅደስ

ទេសភាព

መልከዓምድር

ស្លឹក

ቅጠል

សញ្ញាបង្ហាប់ទិសដៅ

የመንገድ ላይ ምልክት

ភូ្លរ

መንገድ

វាលស្មៅ

አረንጓዴ መስክ

ដុំថ្ម

ድንጋይ

អូនកឲ្យរៀងងភ្លន

በእግሩ የሚ፺ኀ

ទន្លេ

ወንዝ

ជវៃមិល

ዛፍ

ស្មៅ

ሳር

ផ្កា

አበባ

ជ្រលងភ្នំ

ሸለቆ

កូនភ្នំ

ኮረብታ

បឹង

ሀይቅ

ពុំព្រៃឈើ

ጫካ

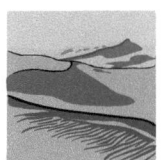

ភ្លខ្សាច់

በረሃ

ភ្នំភ្លើង

እሳተ ገሞራ

គ្រឿកុប៊ី

ግምብ

ឥន្ទធនូ

ቀስተ ዳመና

ផ្សិត

እንጉዳይ

ដើមត្នោត

የቴምብር ዛፍ/ ዘንባባ

មូស

ቢንቢ/ የወባ ትንኝ

រុយ

በራሪ

ស្រមោច

ጉንዳን

សត្វឃ្មុំ

ንብ

ពីងពាង

ሸረሪት

សត្វកេញ្ចៅ

ጢንዚዛ

កង្កែបបៃ

እንቁራሪት

កំប្រុក

ሽኮኮ

សត្វកាំប្រមា

ጃርት

ទន្សាយស្លឹក

ጥንቸል

សត្វទីទុយ

ጉጉት ወፍ

បក្សី

ወፍ

ហង្ស

የውሃ ዳክዬ

ជ្រូក

ከርከሮ

សត្វកុតាន់

አጋዘን

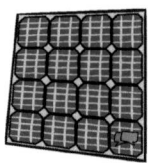

សត្វកុដាន់

አጋዘን

ទំនប់

ግድብ

កង្ហារខ្យល់

በነፋስ የሚሽከረከር

បន្ទះស្វ៊ា

የፀሀይ ፓኔሎ

អាកាសធាតុ

አየር ንብረት

អ្នករត់តុ · አስተናጋጅ

ម៉ឺនុយ · ሜኑ

កៅអី · ወንበር

ភីហ្សា · ፒዛ

ស៊ុប · ሾርባ

កាំបិត · መከተፊያ

កម្រាលតុ · የጠረጴዛ ጨርቅ

អាហារសម្រន់

የምግብ ፍላጎትን የሚከፍት ምግብ

អាហារសំខាន់

ዋና ምግብ

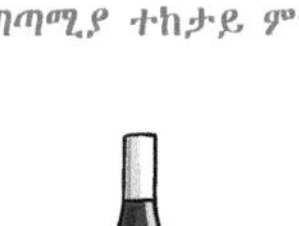

បង្អែម

ጣጣሚያ ተከታይ ምግብ

ភេសជ្ជ:

መጠጦች

អាហារ

ምግብ

ជប

ጠርሙስ

អាហារបេស

ፈጣን ምግብ

អាហារតាមផ្លូវ

የመንገድ ምግብ

ប៉ាន់តៃ

የሻይ ማንቆርቆሪያ

បុរអប់ស្ករ

የስኳር እቃ

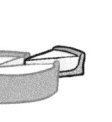

ចំណិត

ድርጎ

ម៉ាស៊ីនតុងកាហ្វេឆេិចសុ្ពរ ស្ស

የቡና ማፊያ ማሽን

កៅអីខ្ពស់

ባለ፪ ወንበር

វិក្កយបត្រ

የክፍያ ደረሰኝ

ថាស

ትሪ

កាំបិត

ቢላዋ

សម

ሹካ

ស្លាបព្រា

ማንኪያ

ស្លាបព្រាកាហ្វេ

የሻይ ማንኪያ

កន្សែងជូតខ្លួន

ልብስ ምግብ እንዳይነካ የሚረዳ ጨርቅ

កវៃ

ብርጭቆ

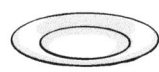

ចានទាប

ዝርግ ሰህን

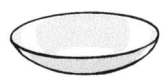

ចានស៊ុប

የሾርባ ጎድጓዳ ሰህን

ចានទូរនាប់

የስኒ ማስቀመጫ

ទឹកជ្រលក់

ማጣፈጫ ስጎ

ដបអំបិល

የጨው እቃ

ប្រដាប់កិនម្រេច

የተፈጨ ቃሪያ

ទឹកខ្មេះ

ኮምጣጤ

ប្រេង

የምግብ ዘይት

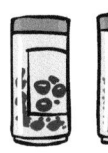

គ្រឿងទេស

ቀመማ ቅመሞች

ទឹកប៉េងប៉ោះ

የቲማቲም ድልህ

ម៉ូតាក

ሰናፍጭ

ទឹកមយ៉ូណេ

ማዮኔዝ

ផ្សារទំនើប

የሸቀጣ ሸቀጥ መደብር

ការផ្តល់ជូនពិសេស
ልዩ አቅራቦት
អតិថិជន
ደምበኛ
ទឹកដោះគោ
የወተት ተዋፅዖ
FOR
ផ្លែឈើ
ፍራፍሬ
រទេះរុញ
ባለ ጎማ የእጅ ጋሪ

BUTCHERS

ហាងកាប់ជ្រូក

ሉካንዳ ነጋዴ

BAKERY

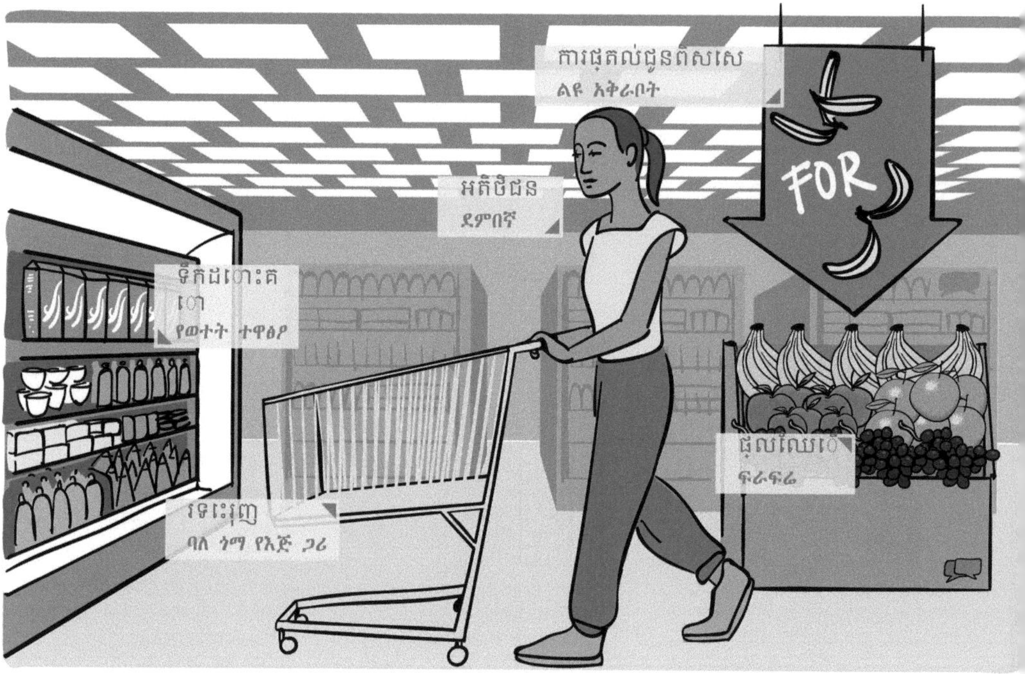

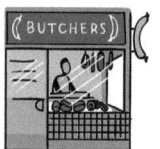

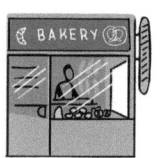

ហាងដុតនំ

መጋገርያ

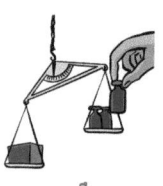

ថ្លឹង

ክብደት መመዘን

បន្លែ

ቅጠላ ቅጠል አትክልት

សាច់

ስጋ

អាហារក្ឈាស្សេ

የቀዘቀዘ/የረጋ ምግብ

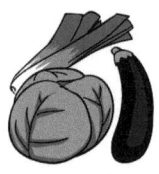

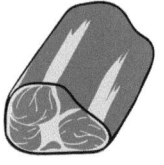

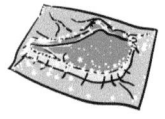

សាច់កុលាសរ

ቀዝቃዛ ቁራጭ

អាហារកំប៉ុង

የታሸገ ምግብ

មុសៅលោង

የማጠቢያ ዱቄት

សុអរតុកប់

ጣፋጮች

ផលិតផលកុនុងគួសារ

የቤት ዉስጥ ዉጤቶች

ផលិតផលសមុអាត

የፅዳት ምርቶች

អុនកលក់

የሸያጭ ባለሙያ

ចគដាក់លុយ

የገንዘብ መመዝቢያ ማሽን

បវឡ្កា

የሒሳብ ሰራተኛ

បញ្ជីទិញទំនិញ

የግዢ ዝርዝር

ម៉ោងធ្វើការ

ክፍት ሰዓታት

កាបូបលុយបុរស

የኪስ ቦርሳ

កាតឥណទាន

ክሬዲት ካርድ

ថង់

ቦርሳ

ថង់ប្លាសុទិច

የፕላስቲክ ቦርሳ

ទឹក

ውሃ

ទឹកផ្លែឈើ

ጁስ

ទឹកដោះគោ

ወተት

កូកាកូឡា

ኮካ-ኮላ

ស្រា

ወይን

ស្រាបៀរ

ቢራ

គ្រឿងស្រវឹង

አልኮል

កាកាវ

ኮካ

តែ

ሻይ

កាហ្វេ

ቡና

កាហ្វេអ៊ិចស្ព្រេសូ

የተፈላ ቡና

កាហ្វេកាពូឈីណូ

ካፑቺኖ

ចេក

መሙዝ

ផ្លែប៉ោម

ፖም

ផ្លែក្រូច

ብርቱካን

ឪឡឹក

ሀብሀብ

ក្រូចឆ្មា

ሎሚ

ការ៉ុត

ካሮት

ខ្ទឹម

ነጭ ሽንኩርት

ប្រសុសី

ሸምበቆ

ខ្ទឹមហាវាំង

ቀይ ሽንኩርት

ផ្សិត

እንጉዳይ

គ្រាប់ផ្លែឈើ

ለውዝ

មី

የህፃናት ምግብ

មីអ៊ីតាលី
....
ፓስታ

ហាយ
....
ሩዝ

សាឡាត់
....
ሰላጣ

ដំឡូងចៀន
....
የድንች ጥብስ

ដំឡូងចៀន
....
ድንች ጥብስ

ភីហ្សា
....
ፒዛ

បឺហ្គឺ
....
ዳቦ ዉስጥ በስሱ ተጠብሶ የገባ
ስጋ

សាំងវិច
....
ሳንድዊች

សាច់ជាប់ឆ្អឹងជំនី
....
ጥ   ስጋ

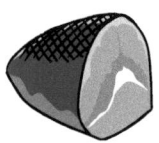

ហាំ
....
የአሳማ ስጋ

សាឡាមី
....
በቅመምና በጨዉ የታሽ ምግብ
ቀዝቀዝ የሚበላ ሾርባ ምግብ

សាច់ក្រក
....
ቋሊማ

សាច់មាន់
....
ዶሮ

អាំង
....
ጥብስ

ត្រី
....
አሳ

អាវ៉ែនបបរ

 የአጃ ገንፎ

មុឃ្ញសុលី

ከወተት ጋር ተደባልቆዉ የሚበሉ ምግቦች

ជំឡ្យុងចំណិត

የበቆሎ ቅርፊት

មុសเ៧

ዱቄት

នំគ្រួសង់

ኩራሳ

នំប៉ុងមុឃ្យាងមូលតូចៗ

ድብልብል ዳቦ

នំប៉ុង

ዳቦ

អាំង

መጥበስ

នំបីស្គី

ብስኩት

ប៉័រ

ቅቤ

ទឹកដោះខាប់

እርጎ

នំខេក

ኬክ

ស៊ុត

እንቁላል

ស៊ុតចៀន

እንቁላል ጥብስ

ឈីស

አይብ

ការ៉េម

የበረዶ ክሬም

ស្ករ

ስኳር

ទឹកឃ្មុំ

ማር

ជែលណាប់

ማርማላት

ក្រែមតាំងម៉ាវ

የተናጠ የወተት ክሬም

ការី

ማጣፈጫ

ផ្ទះក្នុងកសិដ្ឋាន
የገበሬ ቤት

ខ្សែចេងចមុបឆេ ង
የጭድ ክምር

ជង្រុក
የእህልና የከብት ማቆሚያ ቤት

វាលស្រូវ
ሜዳ

សេះ
ፈረስ

រថសណ្ដុជ ទេង
ተሳቢ መኪና

កូនសេហ
የፈረስ ውርንጭላ

តុកតូរ
የእርሻ መኪና

សត្វលា
አህያ

កូនចេ្ជៀម
የበግ ጠቦት

សត្វចេ្ជៀម
በግ

ពពែ

ፍየል

គោញី

ላም

កូនគោ

ጥጃ

ជ្រូក

አሳማ

កូនជ្រូក

ግልገል አሳማ

គោឈ្មោលមោល

ኮርማ

សត្វក្ងាន
ዝይ

ទា
ዳክዬ

កូនមាន់
የዶሮ ጫጩት

មេមាន់
ዶሮ

មាន់ឈ្មោល
አውራ ዶሮ

កណ្ដុរ
አይጥ

ឆ្មា
ደድመት

កណ្ដុរប្រេមៈ
አይጥ

គោឈ្មោល
በሬ

ឆ្កែ
ውሻ

ផ្ទះឆ្កែ
የውሻ ቤት

ទុយោទឹក
የአትክልት ቦታ

ធុងស្រោចទឹក
ውሃ ማጠጫ ባልዲ

ខ្សៀវបេក
ረጅም ማጭድ

នង្គ័ល
ማረሻ

កណ្ដៀវ

ማጭድ

ចបកាប់

መኮትኮቻ

រនាស់

የእህል መንሽ

ពូថៅ

መጥረቢያ

រទេះរុញ

ኩርኩር/ የእጅ ጋሪ

ស្នូក

ገንዳ

កំប៉ុងទឹកដោះគោ

የወተት ዕቃ

ហារ

ጆንያ ከረጢት

របង

አጥር

កូរោល

የፈረስ ጋጣ

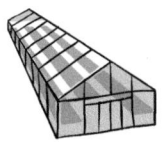

ផ្ទះកញ្ចក់

ዕፅዋት ማሳደጊያ የመስታዉት ቤት

ជី

አፈር

គ្រាប់ពូជ

ዘር

ជី

የመሬት ማዳበሪያ

ម៉ាស៊ីនច្រូតមូលផល

ጥምር ማረሻ

ប្រមូលផល

អገመራ መሰብሰብ

ការប្រមូលផល

አገመራ

ដំឡូងជុក

ድንች

ស្រូវសាលី

ስንዴ

សណ្តែកសៀង

ሶያ

ដំឡូងជុក

ድንች

ពោត

በቆሎ

តុបរុងវៃ

የከብት መኖ

ដើមឈើហូបផ្លៃ

የፍራ ዛፍ

ដំឡូងមី

የካሳቫ ዛፍ

ចញ្ញជាតិ

እህል

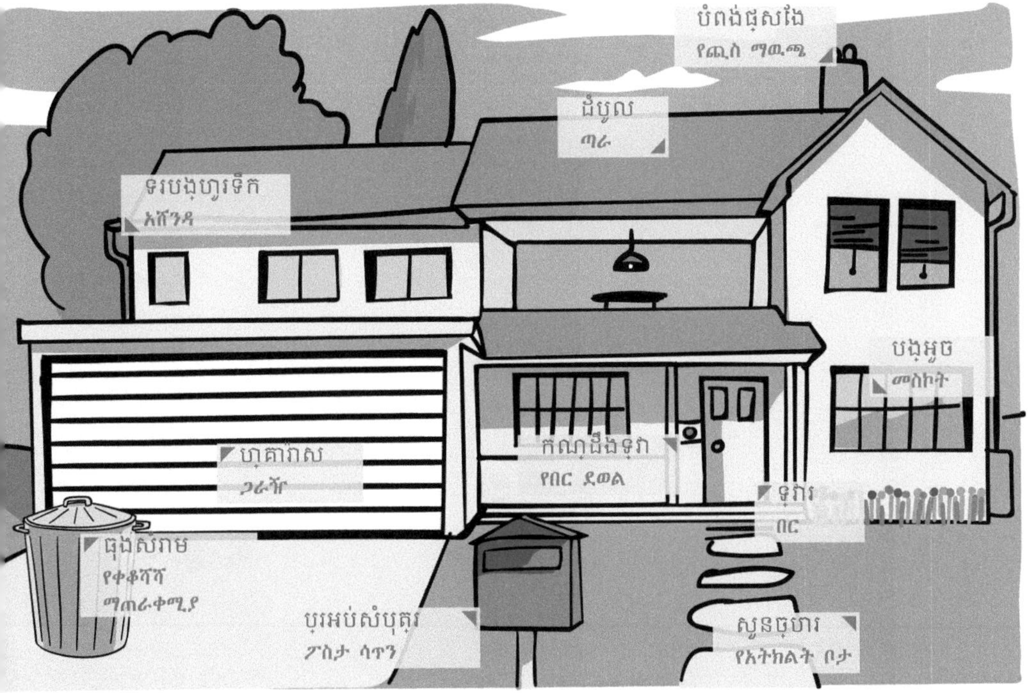

បំពង់ផ្សែង
የጭስ ማውጫ

ដំបូល
ጣራ

ទរបង់ហ្យូទ៊ក
አየንዳ

បង្អួច
መስኮት

ហ្គារាស
ጋራዥ

កណ្ដឹងទ្វារ
የበር ደወል

ទ្វារ
በር

ធុងសំរាម
የቆሻሻ
ማጠራቀሚያ

ប្រអប់សំបុត្រ
ፖስታ ሳጥን

សួនច្បារ
የአትክልት ቦታ

បន្ទប់ទទួលភ្ញៀវ

ሳሎን

បន្ទប់ទឹក

መታጠቢያ ቤት

ផ្ទះបាយ

ግድቤት

បន្ទប់គេង

መኝታ ቤት

បន្ទប់របស់កុមារ

የልጅ ክፍል

បន្ទប់ទទួលទានអាហារ

መመገቢያ ክፍል

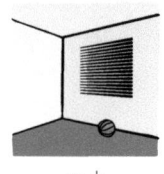

ជាន់

ﾀﾚﾙ

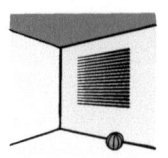

ជញ្ជាំង

ﾘﾙﾘﾀ

ពិជាន

ﾀﾘﾔ

បន្ទប់ក្រោមដី

ﾝﾙC ﾋｳ

សូណា

በእንፋሎት ሙቀት መታጠቢያ
ﾋｳ

យ៉រ

ﾙﾚｳ

ផ្ទៃរាបស្មើឈើនៅជម្រាល
ក្នុង

ﾊﾑ ﾔ ﾙ ﾘﾙﾉ

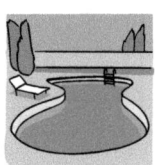

អាងហាលែទឹក

ﾔ ﾘ ﾘ

សន្លឹក

ﾒ ﾒﾛ

កម្រាលគ្រែដែកេ

ﾔﾒﾙﾉ ﾙﾝﾊ

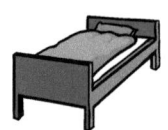

គ្រែ

ﾒﾙﾉ

អំបោស

ﾒﾘﾘﾑ

ធុង

ﾋﾙﾎ

កុងតាក់

ﾒﾘﾙﾔﾉ ﾒﾘﾘﾔ

ម៉ាស៊ីនកាត់សុមៅ

ﾔﾒﾔﾎ ﾒﾉ

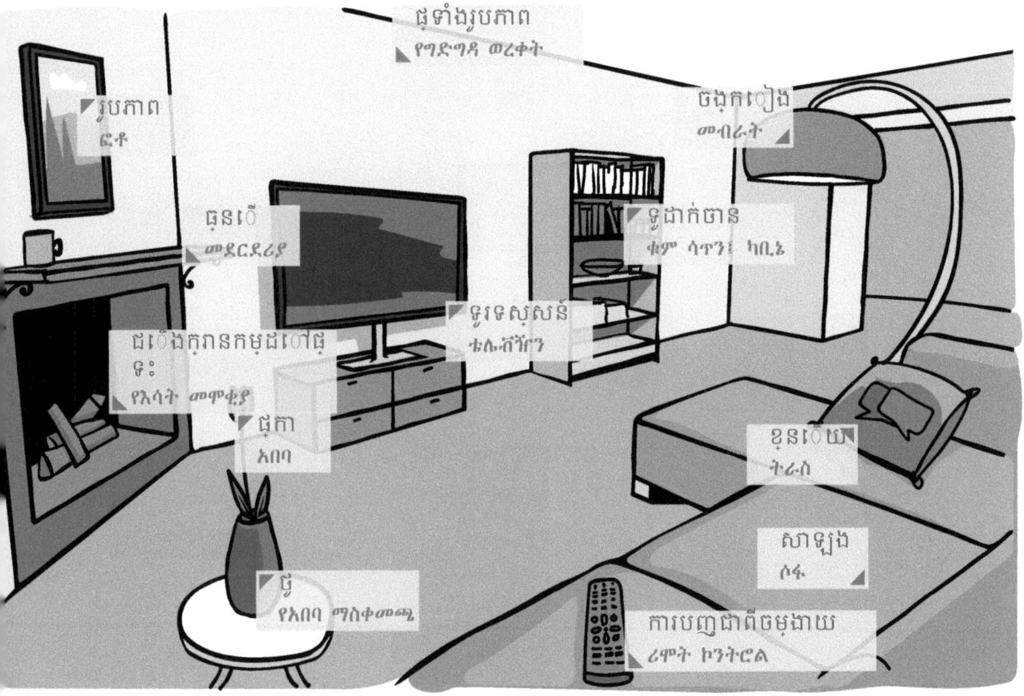

ផ្ទាំងរូបភាព
የግድግዳ ወረቀት

រូបភាព
ፎቶ

ចង្កេរៀង
መብራት

ធ្នើរ
መደርደሪያ

ទូដាក់ចាន
ቁም ሳጥን፤ ካቢኔ

មូរទូស្សសន៍
ቴሌቪዥ

ជើងក្រានកម្ដៅផ្ទះ
የእሳት መሞቂያ

ផ្ទា
አበባ

ផូ
የአበባ ማስቀመጫ

ខ្នើយ
ትራስ

សាឡុង
ሶፋ

ការបញ្ជាពីចម្ងាយ
ሪሞት ኮንትሮል

កម្រាលព្រំ

ንጣፍ

វាំងនន

መጋረጃ

តុ

ጠረጴዛ

កៅអី

ወንበር

កៅអីហាក់ប៉ិចប៉ុក

ተወዛዋዥ ወንበር

កៅអីភ្នាក់ជើ

ባለመደገፊያ ወንበር

សៀវភៅ

መጽሐፍ

ភួយ

ብርድ ልብስ

ការតុបតែង

ዴፖ

អុសដុត

ግገዶ

ខុសភាពយន្ត

ፊልም

ឧបករណ៍ Hi-Fi

የሙዚቃ መጫወቻ

កូនសោ

ቁልፍ

កាសែត

ጋዜጣ

តំនូរ

ስዕል

ផ្ទាំងរូបភាព

የተለጠፈ ማስታወቂያ እንዴ ስዕል

វិទ្យុ

ራዲዮ

ណូតផតគេ

ማስታወሻ ደብተር

ម៉ាស៊ីនបូមធូលី

የአየር ማፅጃ ለምንጣፍ

ដំបងយក្ស

ቁልቁል

ទៀន

ሻማ

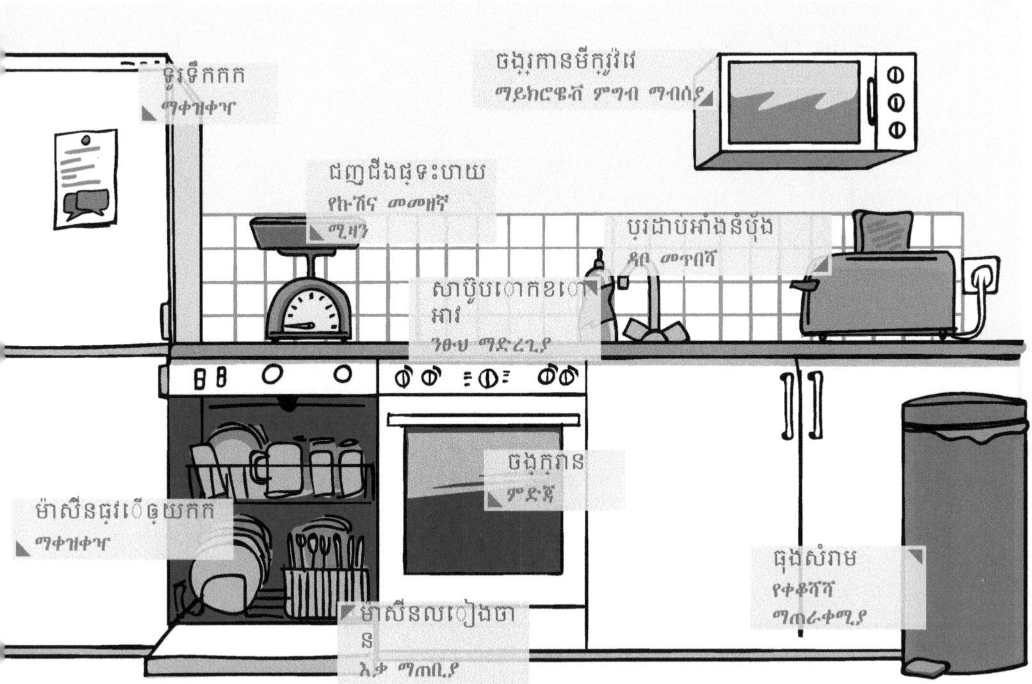

ទូរទឹកកក / ማቀዝቀዣ

ចង្ក្រានមីក្រូវ៉េវ / ማይክሮዌቭ ምግብ ማብሰያ

ជញ្ជីងផ្ទះបាយ / የኩሽና መመዘኛ ሚዛን

ប្រដាប់អាំងនំបុ័ង / ዳቦ መጥበሻ

សាប៊ុបោកខោខៀ អោ / ንጹህ ማድረጊያ

ម៉ាស៊ីនផ្ទ រៀបចមយកក / ማቀዝቀዣ

ចង្ក្រាន / ምድጃ

ធុងសំរាម / የቆሻሻ ማጠራቀሚያ

ម៉ាស៊ីនលាងចាន / እቃ ማጠቢያ

ចង្ក្រាន

ምግብ አብሳይ

ឆ្នាំង

ማሰሮ

ឆ្នាំងដៃ

የብረት ማሰሮ

ខ្ទះ / ខ្ទះវែណ្ខា

ምግብ ማብሰያ ዘርግ ድስት

ខ្ទះ

የምግብ መጥበሻ

កំសៀវ

ማንቆርቆሪያ

ធ្នាំងចំហុយ

የእንፉሎት ማብሰያ

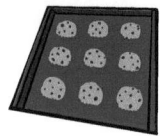

ថាសដុតនំ

የመጋገሪያ ትሪ

គំរេៀងចានធ្នាំងដី

ሰብስቦች

ថ្វី

ትልቅ ኩባያ

ចានតហោម

ጎድጓዳ ሳህን

ចង្កឹះ

ቾፕስቲክስ

វែកសមុល

ጭልፋ

វែកគ្រ

መስቀስቁያ ዘርጋ ማንኪያ

ប្រដាប់វាយកូរឡូក

ማደባለቂያ

តម្រង

መወጠሪያ

កន្ត្រង

ወንፊት

ប្រដាប់កៅសដុង

መፈርፈሪያ መሳሪያ

គ្រហាល់

ሲሚንቶ

ការអាំងសាច់

የፍም ጥብስ

ចង្ក្រានចំហា

የተለቀቀ እሳት

ជ្រៃញ

መከተፊያ

បុរដោប់គិនម្ងរ

ተንሽራታሽ መርፌ

បុរដោប់ម្ងរបើកឆ្នុនុកស្ក្រ

የጠርሙስ መከፈቻ

កំប៉ុង

ጣሳ

បុរដោប់បើកកំប៉ុង

የጣሳ መክፈቻ

ក្រណាត់ទ្រាប់ឆ្នាំង

የማሰሮ መሸፈኛ

កន្លែងលាងចាន

ሳህን ማጠቢያ

ជក់

ብሩሽ

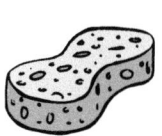

អប៉ុង

ስፖንጅ

ម៉ាស៊ីនក្រឡ្ញក

መደባለቂያ መሳሪያ

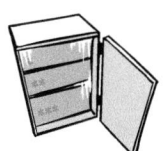

ទូទឹកកកខ្នាតតូច

በጣም ማቀዝቀዣ

ដបទឹកដោះគោ

ጡጦ

រ៉ូប៊ីណេ

ቧንቧ

ផ្កាឈូក
መታጠቢያ

កម្រាលពៅ
ማሞቂያ

កន្សែង
ፎጣ

វាំងននទឹកផ្កាឈូក
የመታጠቢያ ቤት መጋረጃ

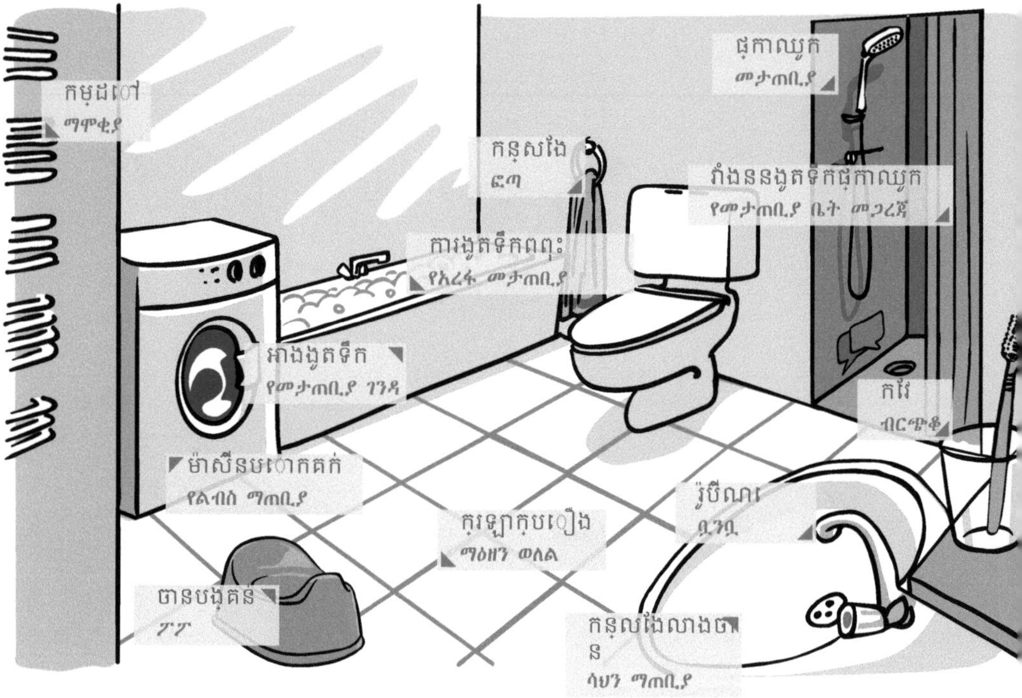

ការងូតទឹកពុះ
የአረፋ መታጠቢያ

អាងងូតទឹក
የመታጠቢያ ገንዳ

ម៉ាស៊ីនបោកកក់
የልብስ ማጠቢያ

ករ្ដុបរឿង
ማዕዘን ወለል

រ៉ូប៊ីណេ
ቧንቧ

កវៃ
ብርዑቆ

ចានបង្គន់
ፖፖ

កន្សែងឈោងចាន
ሳህን ማጠቢያ

បង្គន់

<table>
<tr><td>
បង្គន់
ሽንት ቤት</td><td>
បង្គន់អង្គុយ
የሽንት ቤት መቀመጫ</td><td>ផ្លោងដម្រេកាយ
ሳፉ</td></tr>
</table>

បង្គន់ ሽንት ቤት	បង្គន់អង្គុយ የሽንት ቤት መቀመጫ	ផ្លោងដម្រេកាយ ሳፉ

កុលាំទឹកនខោម የመንገድ ዳር መሽኛ	ក្រដាសបង្គន់ የሽንት ቤት ወረቀት	ច្រាសដុសបង្គន់ន የሽንት ቤት ማፅጃ ብሩሽ

ច្រាសដុសធ្មេញ

የጥርስ ብሩሽ

ថ្នាំដុសធ្មេញ

የጥርስ ሳሙና

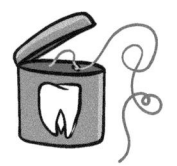

ខ្សែទាក់សម្អាតធ្មេញ

የጥርስ ማፅጃ ክር

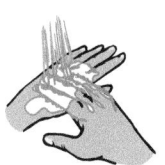

លាង

መታጠብ

បុរដាប់ដាក់ដផ្ទៃកាឡូក

የእጅ መታጠቢያ

ទឹកថ្នាំសម្រាប់ហាញ់លាង

መታጠቢያ

អាង

ጎድጓዳ ሳህን

ច្រាសដុសខ្នង

የጀርባ ብሩሽ

សាប៊ូ

ሳሙና

 របែលេសម្រាប់ស្អូតទឹកផ្ទះកាឡូ

መታጠቢያ የሚዘለገለግ ሳሙና

សាប៊ូ

የፀጉር መታጠቢያ ሳሙና

សកុលាត

ለስላሳ ጨርቅ

បំពង់បង្ហូរទឹក

ፍሳሽ

កុរមែ

ክሬም

ថ្នាំបំហត់កុលិនអាក្រក់

ጠረን መቀየሪያ ንጥረ ነገር

កញ្ចក់

መስታወት

កញ្ចក់ដៃ

የእጅ መስታወት

ប្រដាប់កោរ

ምላጭ

ហ្វូមកោរពុកមាត់

የመላጨ አረፋ

ទឹកលាងកុរោយកោរពុកម
ាត់រួច

ከመላጨት በኋላ የሚቀባ ሽቱ

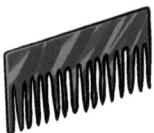

កុរស

ማበጠሪያ

ជក់

ብሩሽ

ប្រដាប់សម្ងួតសក់

የፀጉር ማድረቂያ

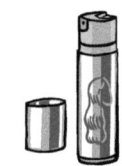

ស្ពុរយហាញ់សក់

በፀጉር ላይ የሚነፉ

ការគុបតែមុខ

የፊት መቀባቢያ

កុរមៃលោបមាត់

የከንፈር ቀለም

ថ្នាំលាបកុរចេក

የጥፍር ቀለም

រោមកប៉ុហាស

የጥጥ ሱፍ

កន្ត្រៃកាត់កុរចេក

ጥፍር መቁረጫ

ទឹកអប់

ሽቶ

កាបូបបពោកគគ់

ማጣቢያ ባልዲ

លាមក

መቀመጫ

ជញ្ជីងថ្លឹងទម្ងន់

ሚዛን

អាវពោក់ងូតទឹក

የመታጠቢያ ልብስ

ស្រោមដៃកៅស៊ូ

የላስቲክ ጓንት

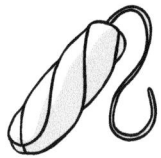

ឆ្នុក

ምዶስ

កន្សែងអនាម័យ

የዕዳት ፋጣ

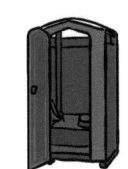

បង្គន់គីមី

የሽንት ቤት ኬሚካል

នាឡិការោទ៍
የማንቂያ ደዉል ሰዓት

រូបថតកុមារអវកាសបល្ល័ង្ក
የህዋን አሻንጉሊት

រថយន្តកុមារលេង
የመጫወቻ መኪና

ផ្ទះក្មេងកុមៃជំរ
የአሻንጉሊት ቤት

បរដាប់អង្រន់លេង
ማንጓጓጫ መጫወቻ

អំណោ
យ
ስጦታ

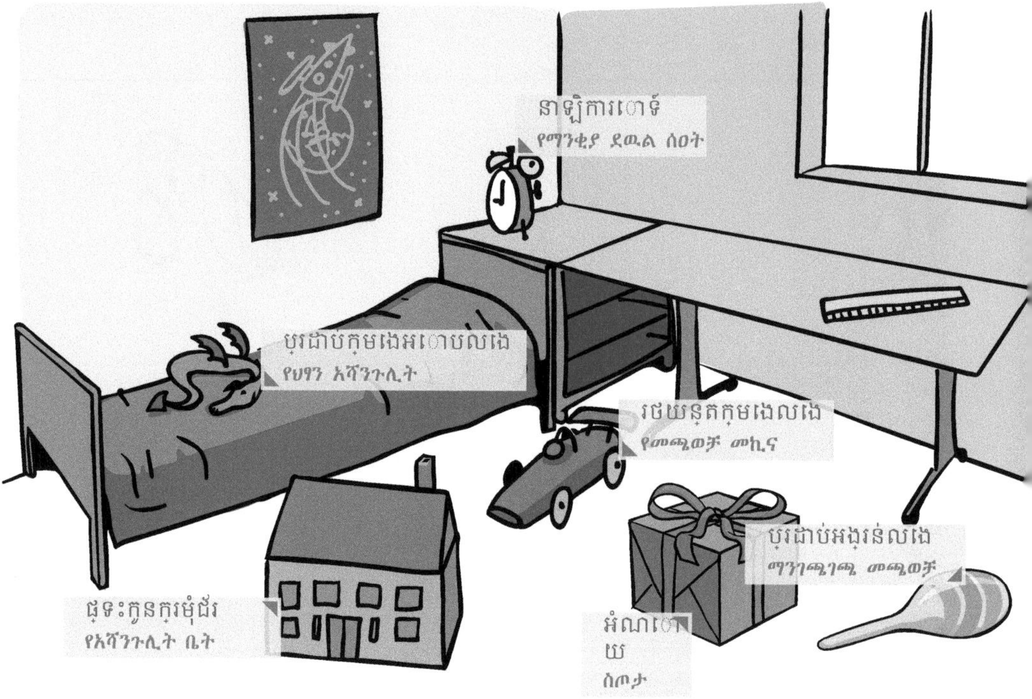

ប៉េងប៉ោង

ፊኛ

គ្រែ

አልጋ

រទេះរុញទារក

የህዋን ማነቃቂያ ገፊ

ហ្គ៊បរ៉ៃ

የካርታ መጫወቻ

រូបផ្គុំ

ፊርጥራጭ ምስሎችን የማገጣጠም
እና ምስል የማግኘት ጨዋታ

កំប៊លវៃ

አዝናኝ

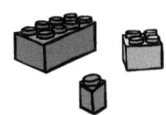

ផ្គុំ Lego

ተገጣጣሚ መጫወቻ

ប្លុកប្អូរដាប់គុមងែលលង

የመጫወቻ መገጣጠሚያዎች

តូលខេសកម្មភាព

የድርጊት ምስል

ខោអាវទារក

የህፃን እድገት

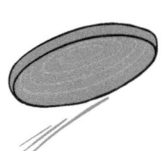

ការគប់ថាស

የፕላስቲክ መጫወቻ ዝርግ ሰሀን

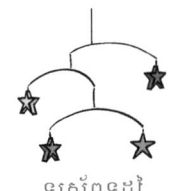

ទូរស័ព្ទដៃ

ተወዛዋዥ የህፃን ማጫወቻ

កុគ្គារល្បែង

የሰሌዳ ጨዋታ

គ្រាប់ឡូកឡាក់

የመጫወቻ ጠጠር

ឈុតរថភ្លើងចែងគូរ

የመጫወቻ ባቡር

រូបសំណាក

የእንጀራ እናት ጡጦ

គណបកុស

ድግስ

សៀវភៅរូបភាព

የስዕል መፅሀፍ

ហាល់

ኳስ

កូនក្រមុំតុក្កតា

አሻንጉሊት

លង

መጫወት

ណូដទៅខ្សាច់

Y‐አሸዋ መጫወቻ

ទេង

ሽዋሽዋ

ប្រដាប់កុមងៃលង

መጫወቻዎች

កុងស្ួលវីដអ្ហ្គតមេ

የቪዲዮ መጫወቻ

គ្រឺចក្រយានយន្ត

ባለ ሶስት ጎማ ብስክሌት

តុក្កតាខ្លាឃ្មុំ

የአሻንጉሊት ድብ

ទូខោអាវ

ቁም ሳጥን

សម្ុលៀកបំពាក់

አልባሳት

ស្របោមជេ៎ង

ካልሲዎች

ស្របោមជេ៎ងវៃង

ስቶኪንጎች

ខោមុនប៉នារី

ታይት

កន្សែង
የአንገት ልብስ

ឆ័ត្រ
ግንጥላ

អាវយឺត
ከናቴራ

ខ្សែក្រវ៉ាត់
ቀበቶ

ស្បែកជើងហាតា
ስኒከሮች

ស្បែកជើងករ៉ែង
ቡቲ

ស្បែកជើងពាក់នៅ
ផ្ទះ
የቤት ዉስጥ ነጠላ ጫማ

ស្បែកជើងសង្រែក
ነጠላ ጫማዎች

ស្បែកជើង
ጫማዎች

ស្បែកជើងករ៉ែងកៅស៊ូ
የጎማብ ቡትስ

ខោទ្រនាប់បុរស
ሙታንታ

អាវទ្រនាប់
ጡት መያያ

អាវកាក់
ስደርያ

រាងកាយ

ሰዉነት

ខោទ្រវែង

ሱሪዎች

ខោខូវប៊យ

ጅንስ

សំពត់

ጉርድ ቀሚስ

អាវក្រុវៅ

ሹሚዝ

អាវ

ሹሚዝ

អាវយឺត

የሚጠለቅ ሹራብ

អាវយឺត

ሹራብ

អាវធំ

ዩኒፎርም ጃኬት

អាវក្រុវៅ

ጃኬት

អាវធំ

ኮት

អាវភ្លៀវៀង

የዝናብ ኮት

គុរវៀងតង

ልብስ

អាវវែង

ቀሚስ

សំលៀកបំពាក់អាពាហ៍ពិពា
ហ៍
የሙሽራ ቀሚስ

ឈុតអាវលេខុត

የለሊት ልብስ

រ៉ូបរាត្រី

የለሊት ልብስ

ឈុតគតង

የለሊት ልብስ

សារី

ረጅም ቀሚስ

កន្សែងជួតក្បាល

ሂጃብ

ឆ្នួត

ጥምጣም

សុបមុខ

ቡርቃ

kaftan

ሸርጥ

abaya

አባያ

ឈុតហាលែទឹក

የዋና ልብስ

ខោខលី

አጭር ቁምጣ

ខោខលី

ቁምጣዎች

ឈុតហាត់កីឡា

የስፖ ቱታ

អាវអេរៀម

ሸርጥ

ស្រោមដៃ

ጓንት

ទ្បេវ៉ែរអាវ

វ៉ែនតា

ፉልፍ

វ៉ែនតា

መነፅር

ខ្សែដៃ

አምባር

ខ្សែក

የአንገት ሀብል

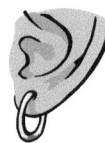

ចិញ្ចៀន

ፋለበት

កុរិល

የጆሮ ጌጥ

មួក

ኮፍያ

បុរដាប់ពួយអោរកុរៗៅ

የኮት መስቀያ

មួក

ኮፍያ

កុរវិត្តក

ከረባት

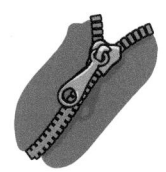

 រូត

ዚፕ

មួកសុវត្ថិភាព

የብረት ቆብ

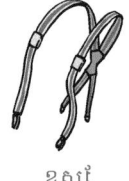

ខ្សែរ៉ែ

መደገፊያ

ឯកសណ្ឋានសាលា

የትምህርት ቤት የደንብ ልብስ

ឯកសណ្ឋាន

የደንብ ልብስ

អេ៉្រៀមទារក
መጫብ

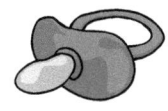
រូបសំណាក
የእንጀራ እናት ጡጦ

ខេ្ទីកនេទាម
ሽንት ጨርቅ

ម៉ាស៊ីនមេ
ማስራጫ ጣቢያ

ទូងកសារ
የፋይል መደርደሪያ
ካቢኔ

ម៉ាស៊ីនបោះពុម្ព
የህትመት መሳሪያ

មូនីទ័រ
መቆጣጠሪያ

ក្រដាស
ወረቀት

តុការិយាល័យ
መሪያ ጠረጴዛ

កណ្ដុរ
ማዌዝ

ស៊ីម៉
ማህደር

តុតារចេច
የመዓፊ ቁልፎች

កន្ត្រកដាក់សំរាមក្រដាស
የቆሻሻ ወረቀት መጣያ ቅርጫት

កុំព្យូទ័រ
ኮምፒውተር

កៅអី
ወንበር

កវែកាហ្វេ
የቡና መጠጫ ትልቅ ኩባያ

ម៉ាស៊ីនគិតលេខ
ማስልያ ማሽን

អ៊ីនធឺណិត
ኢንተርኔት

កុំព្យូទ័រយួរដៃ

ላፕቶፕ

លិខិត

ደብዳቤ

សារ

መልዕክት

ទូរស័ព្ទដៃ

ተንቀሳቃሽ ስልክ

បណ្តាញ

የግንኙነት አዉታር

ម៉ាស៊ីនថតចម្លង

ማባዣ ማሽን

សូហ្វវែរ

ሶፍትዌር

ទូរស័ព្ទ

ስልክ

នុចធដ័ាត

የግድግዳ ሶኬት

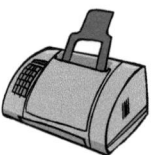

ម៉ាស៊ីនទូរសារ

የፋክስ ማሽን

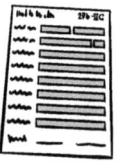

ទម្រង់បែបបទ

ቅፅ

ឯកសារ

ሰነድ

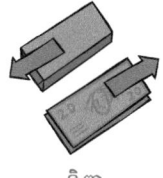

ទិញ

መግዛት

បង់ប្រាក់

መክፈል

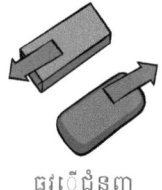

ផ្លូរឈើជំនួញ

መነገድ

លុយ

ገንዘብ

ប្រាក់ដុល្លារ

ዶላር

ប្រាក់អឺរ៉ូ

ዩሮ

ប្រាក់យ៉េន

የን

ប្រាក់រ៉ូប្លិ

ሩብል

ហ្វ្រង់ស្វ៊ីស

የስዊዝ ፍራንክ

ប្រាក់យ៉័ន

ራንሚንቢ, ዩዋን

ប្រាក់រូពី

ሩፒ.

កន្លែងបូររឿសាច់ប្រាក់

የገንዘብ ነጥብ

ការិយាល័យបូគូរបរាក់

የዉፍጭ ገንዘብ ምንዛሪ ቢሮ

មាស

ወርቅ

ប្រាក់

ብር

ប្រេង

ዘይት

ថាមពល

ሀይል፤ ጉልበት

តម្លៃ

ዋጋ

កិច្ចសន្យា

ግንኙነት

ពន្ធ

ቀረጥ

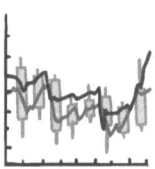

ភាគហ៊ុន

አክስዮን

ធ្វើការ

መስራት

បុគ្គលិក

ተቀጣሪ

និយោជក

ቀጣሪ

រោងចក្រ

ፋብሪካ

ហាង

ሱቅ

មន្ត្រីប៉ូលីស
የፖሊስ አባሪ

អ្នកពន្លត់អគ្គិភ័យ
የእሳት አደጋ ሰራተኛ

ចុងភៅ
ምግብ አብሳይ

វេជ្ជបណ្ឌិត
ዶክተር

អ្នកបើកយន្តហោះ
አብራሪ

អ្នកថែសួន
አትክልተኛ

ជាងឈើ
አናጺ

ជាងកាត់ដេរ
ልብስ ሰፊ ሴት

ចៅក្រម
ዳኛ

គីមីវិទ្យូ
ቀማሚ

តូកុន
ተዋናይ

អ្នកបើកឡានក្រុង

የአዉቶቢስ ሹፌር

អ្នកបើកតាក់ស៊ី

የታክሲ ሹፌር

អ្នកនេសាទ

አሳ አጥማጅ

សុគ្គីអ្នកសម្អាត

ፅዳት ሰራተኛ

ជាងដំបូល

የጣራ ሰራተኛ

អ្នករត់តុ

አስተናጋጅ

អ្នកបរហេញសត្វ

አዳኝ

វិចិត្រករ

ሰዓሊ

អ្នកដុតនំ

ዳቦ

ជាងអគ្គីសនី

የኤሌትሪክ ሰራተኛ

ជាងសំណង់

ገምቢ

វិស្វករ

መሃንዲስ

អ្នកកាប់សាច់

ልዑንዳ

ជាងជួសជុលទុយោរទឹក

የቧንቧ ሰራተኛ

អ្នករត់សំបុត្រ

የፖስታ ሰራተኛ

ទាហាន

ወታደር

ស្ថាបត្យករ

መሃንዲስ

បេឡា

የሒሳብ ሰራተኛ

អ្នកលក់ផ្កា

አበባ ሻጭ

អ្នកអ៊ិតសក់

የፀጉር ሰራተኛ

អ្នកយកលុយ

ቲኬት ቆራጭ

ជាងម៉ាស៊ីន

መካኒክ

កាព្ទែន

ካፒቴን

ពទ្ទយធ្មេញ

የጥርስ ሐኪም

អ្នកវិទ្យាសាស្ត្រ

ተመራማሪ

គ្រូបង្រៀនចហាប់សញ្ជាតិ
ជ៊ីហ៊ូវ

መምህር

លោកសង្ឃឥស្លាម

የሙስሊም ሃይማኖታዊ መሪ

ព្រះសង្ឃ

መነኩሴ

បព្វជិត

ካህን

ឧបករណ៍

መሳሪያዎች

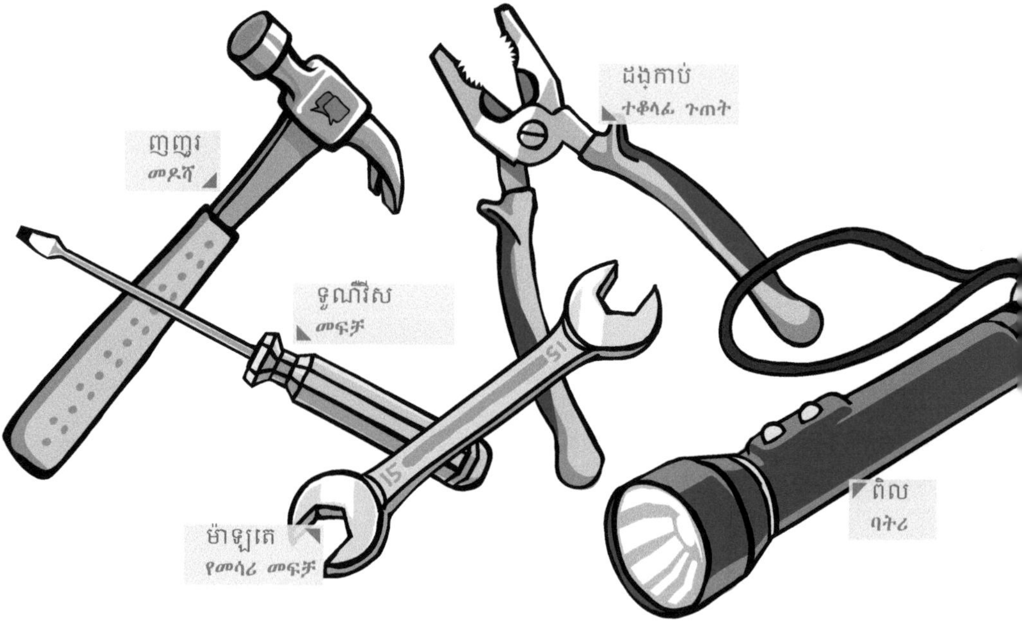

ញញួរ
መዶሻ
ទួណឺវីស
መፍቻ
ដង្កាប់
ተቆላፊ ጉጠት
ម៉ាឡេតេ
የመሳሪ መፍቻ
ពិល
ባትሪ

ម៉ាស៊ីនជីក

በቁፋሮ የሚዝቅ

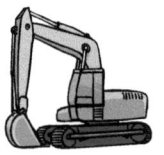

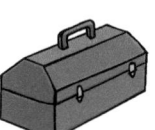

ប្រអប់ឧបករណ៍

የመፍቻ ሳጥን

ជណ្តើរ

መሰላል

រណារ

መጋዝ

ដែកគោល

ምስማር

ប្រដាប់ស្វាន

መሰርሰሪያ

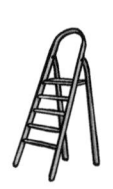

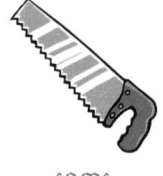

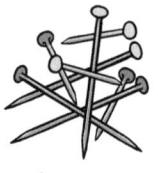

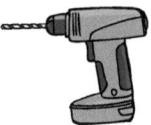

ជួសជុល

መጠገን

ប៉ែល

አካፋ

ចង្រៃ!

የተረገመ!

ប្រដាប់ចូកកម្ចុលី

ቆሻሻ ማፈሻ

ធុងថ្នាំពណ៌

የቀለም ቆርቆሮ

វីស

ብሎን

ឧបករណ៍តន្រ្តី
የሙዚቃ መሳሪያዎች

ឧបករណ៍បំពងសំឡេង
የድምፅ ማጉያ መሳሪያ

ឈុតស្គរ
የከበሮ መሳሪያዎች

ហ្គីតា
ክራር መሰል የሙዚቃ
መሳሪያ

ត្រែ
የትንፋሽ ሙዚቃ
መሳሪያ

ហាស្ថីរ
ድርብ ቤዝ ጊታር

ព្យាណូ

ፒያኖ

វីយូឡុង

ቫዮሊን

ហាស

ወፍራም፤ ጎርናና ድምፅ ያለዉ
ክራር መሰል ሙዚቃ መሳሪያ

ស្គរពោសសុបតែម៉ាង

ነጋሪት

ស្គរ

ከበሮ

យីបត

በኤሌክትሪክ የሚሰራ ፒኖ

សាក់សូហ្វូន

የትንፋሽ ሙዚቃ መሳሪያ

ខ្លុយ

ዋሽንት

មីក្រូហ្វូន

የድምፅ ማጉያ

ZOO

ឲ្យកេច្ចូល / መግቢያ

សត្វខ្លា / ነብር

ទ្រុង / ሳጥን

សេះបង្កង់ / የሜዳ አህያ

ការឆ្ងាយ័ណ៍សត្វ / የእንስሳ ምግብ

ឲ្យឈ្មួឬជនេជា / ትልቅ ድብ

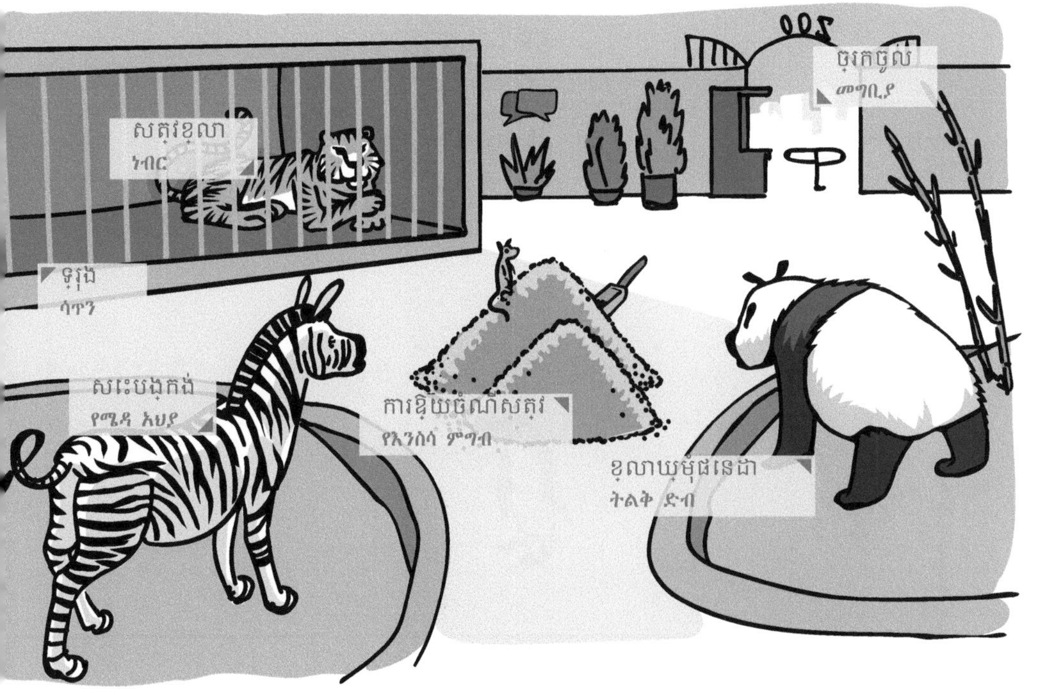

សត្វ

እንስሳቶች

សត្វដំរី

ዝሆን

សត្វកង់ហុការ្យ

ካንጋሮ

សត្វរេមាស

አውራሪስ

សត្វស្វាហត្ថវឺឡ្ហា

ትልቅ ዝንጀሮ

ឲ្យឈ្មុំណាំត្ងុនហោត

ድብ

សត្វអូដ្ឋ

ግመል

សត្វអូទ្រិស

ሰጎን

សត្វតោ

አንበሳ

ស្វា

ጦጣ

សត្វក្រៀល

ቀልጥ ረዥም ወፍ

សកែ

በቀቀን

ខ្លាឃ្មុំតំបន់ប៉ូល

የወዋልታ ድብ

ជនេឃ្វីន

የዋልታ ወፎች

ត្រីឆ្លាម

ረጅም ጥርሶች ያለትአሳ ነ ረ

ក្ងោក

ጣዎስ

សត្វពស់

እ ' ብ

ក្រពើ

አዞ

អ្នករក្សាសូនសត្វ

የዱር አራዊት የሚጠበቁበት
ማቆያን የሚጠብቅ

ឆ្មាទឹក

አሳ በሊ.ታ የ ህር እንስሳ

ខ្លារខិនមឃ្យាង

የዱር ድመት

កូនសេះ

ድንኪ ፈረስ

ខ្លាខិន

ነብር

សត្វដំរីទឹក

ጉማሬ

សត្វកេរ៉ៃ

ቀጭኔ

ឥន្ទ្រី

ንስር

ជ្រូក

ከርከሮ

ត្រី

አሳ

អណ្ដើកឆ្ងៃក

የባህር ኤሊ.

លោមមចូថា

የባህር አጣሬ

កញ្ជ្រុងទោង

ቀበሮ

កុដាន់

የሜዳ ፍየል፤ ሚዳቋ

ቾ፟ፚ፟ሻሀል'ዋት፝አሜꬓꬉ
የአሜሪካ እግርኳስ

ቀርቀሁረ፝ጎ፝ንጎꬉ
የብስክሌት ስፖርት

ቾ፟ፚፕዕ፝ነꬉ
ቴኒስ

ቾ፟ፚሀል'ህꬓ፥ꬓ
የቅርጫት ኳስ

ቾ፟ፚሀለ፝ꬓ፝ክ
ዋና

ቾ፟ፚክ፝ዘꬉ፝ልꬉ፝ሇꬉ
ꬓꬓ
የበረዶ ላይ የገና ጨዋታ

ቾ፟ፚህꬉ፝ꬓ፝ል
የቡጢ ስፖርት

ቾ፟ፚሀል'ዋት፝
እግር ኳስ

ቾ፟ፚꬓ፝ዩ፝ꬓ
የላባ ኳስ ጨዋታ

አ፝ꬓꬓ፝ወ፝ል፝ꬓ፝ም
አትሌቲክስ

ቾ፟ፚሀል'ꬓ፝ꬓ
የእጅ ኳስ ስፖርት

ቀርꬓ፥፝ꬓ፝ꬓ
የበረዶ መንሸራተት ስፖርት

ꬓ፝ꬓ
ፈረስ ግልቢያ

មាន

ማያገ

ធ្វើរឿ

ማድረግ

គឺ

ማሲን

ឈរ

ማቁም

រត់

ማሮጥ

ទាញ

ማሳብ

បោះ

ማወርወር

ធ្លាក់

ማዉደቅ

កុហក

ማዋሸት

រង់ចាំ

ማጠበቅ

ឃ្លី

ማሸከም

អង្គុយ

ማቀመጥ

សួលៀកពាក់

ማልበስ

ដេក

ማተኛት

ភ្ញាក់ឡ្យរើង

ማንቃት

មើល

ማመልከት

យំ

ማለሕቀስ

គូសវាស

ማጬር

សិតសក់

ማበጠር

និយាយ

ማዉራት

យល់

መረዳት

សួរ

ጥያቄ

សុដាប់

ማዳመጥ

ជឹក

ማጠጣት

បរិភោគ

መብላት

សមុអាត

ማንጻት

សុរលោញ

ማፍቀር

ចមុអិន

ምግብ ማብሰል

បេ៏កបរ

ማንዳት

ហាេះ

መብረር

ចំកទូក

መርከብ መንዳት

គណនា

ቁጥሮችን ማስላት

អាន

ማንበብ

រៀន

መማር

ធ្វើការ

መስራት

រៀបការ

ማግባት

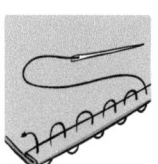

ដេរ

መስፋት

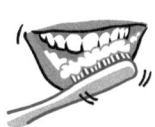

ដុសធ្មេញ

ጥርስ መቦረሽ

សម្លាប់

ማጥደል

ជក់

ማጨስ

ផ្ញើលើ

መላክ

ក្រុមគ្រួសារ
ቤተሰብ

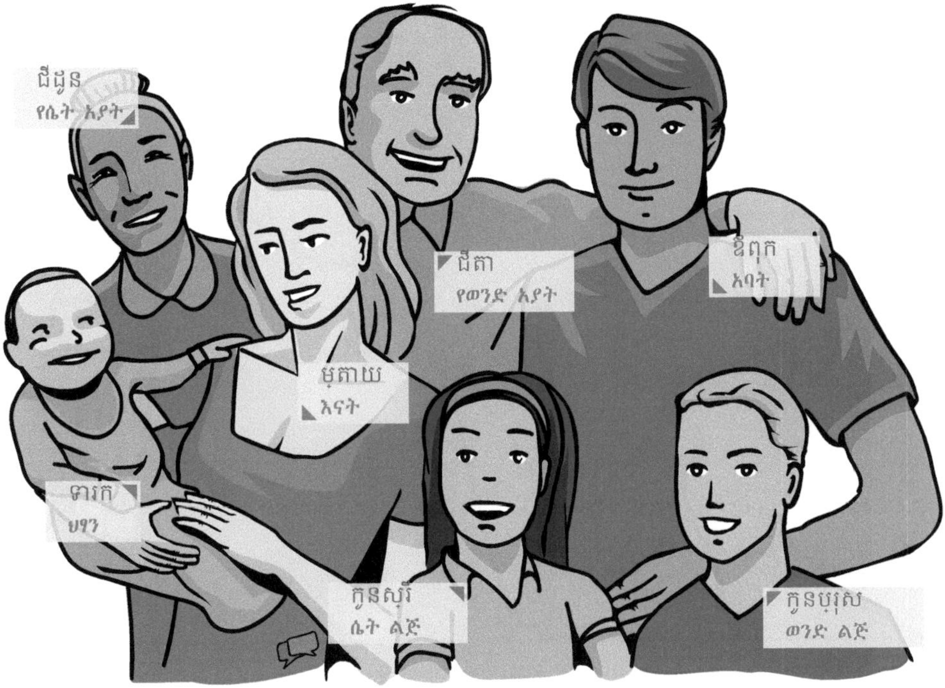

ជីដូន
የሴት አያት
ជីតា
የወንድ አያት
ឪពុក
አባት
ម្តាយ
እናት
ទារក
ህፃን
កូនស្រី
ሴት ልጅ
កូនប្រុស
ወንድ ልጅ

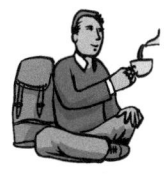

ភ្ញៀវ

እንግዳ

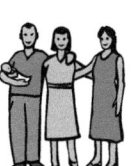

មីង

አክስት

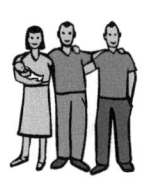

ពូ

አጎት

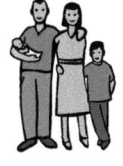

បងប្អូនប្រុស

ወንድም

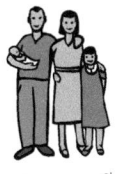

បងប្អូនស្រី

እህት

រាងកាយ

አካል

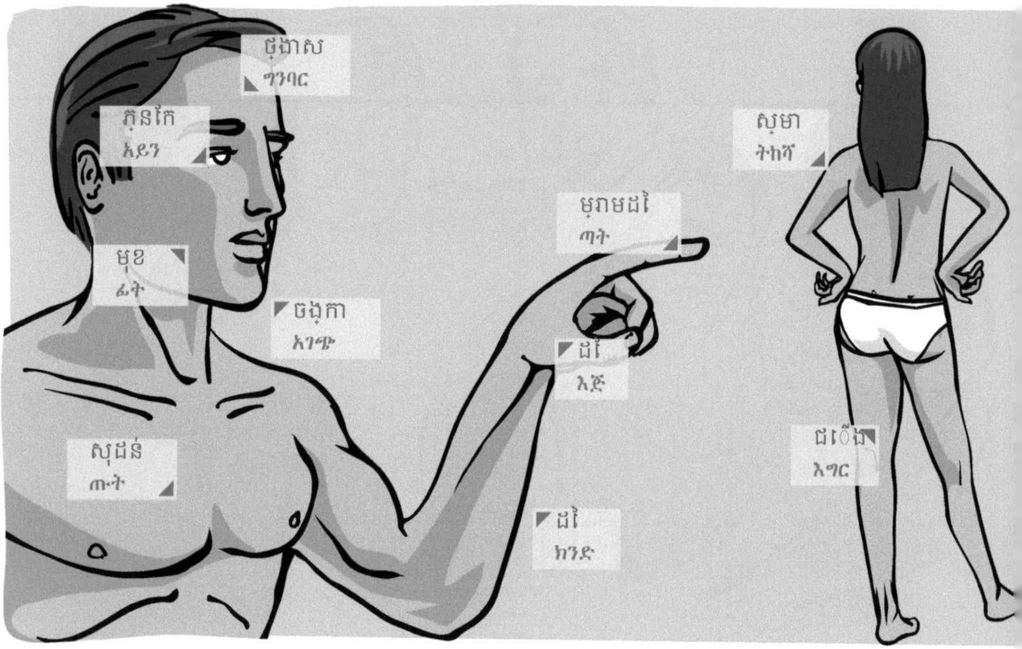

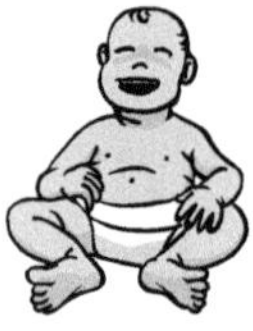

ទារក
ህፃን

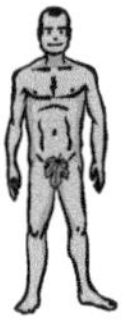

បុរស
ሰዉ

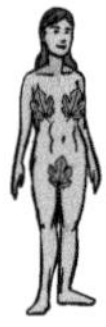

ស្ត្រី
ሴት

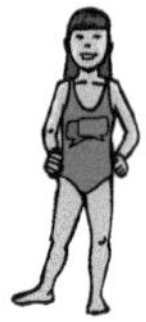

ក្មេងស្រី
ልጃገረድ

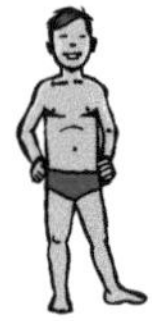

ក្មេងប្រុស
ወንድ ልጅ

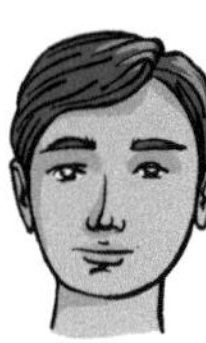

ក្បាល
ራስ

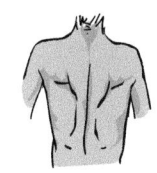

ខ្នង

ጀርባ

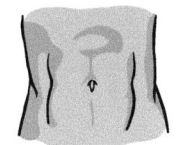

ពោះ

ሆድ

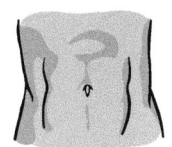

ផ្ចិត

እምብርት

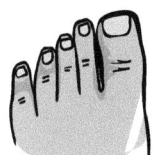

ម្រាមជើង

የእግር ጣት

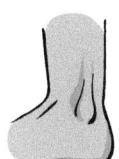

កែងជើង

ተረከዝ

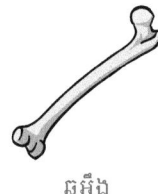

ឆ្អឹង

አጥንት

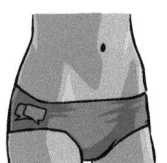

គូទគាក

ዳሌ

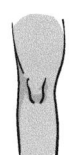

ជង្គង់

ጉልበት

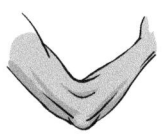

កែងដៃ

ክርን

ចុរមុះ

አፍንጫ

គូទ

ቂጥ

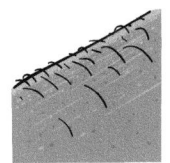

ស្បែក

ቆዳ

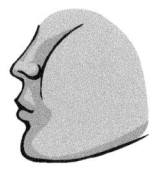

ថ្ពាល់

ጉንጭ

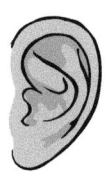

គូរចង្កៀក

ጆሮ

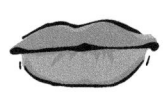

បបូរមាត់

ከንፈር

មាត់
አፍ

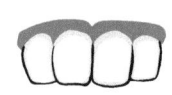

ធ្មេញ
ጥርስ

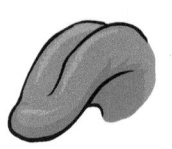

អណ្ដាត
ምላስ

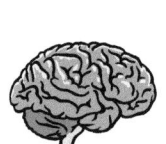

ខួរក្បាល
አንጎል

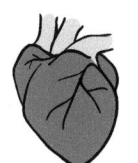
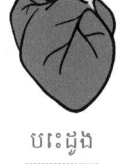

បេះដូង
ልብ

សាច់ដុំ
ጡንቻ

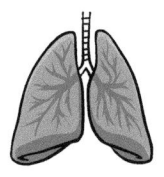

សួត
ሳምባ

ថ្លើម
ጉበት

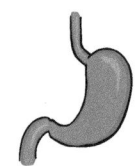

ក្រពះ
ሆድ

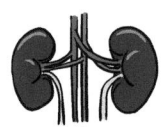

តម្រងនោម
ኩላሊቶች

ការរួមភេទ
የግብረስጋ ግንኙነት

ស្រោមអនាម័យ
ኮንዶም

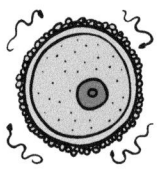

អូវុល
የሴት እንቁላል

ទឹកកាម
የዘር ፈሳሽ

ការមានផ្ទៃពោះ
እርግዝና

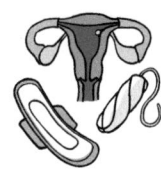

មករដ្ឋរ

យወር አበባ

ទូវរមោស

እምስ

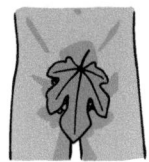

លិង្គ

ቁላ

ចិញ្ចរៃម

ቅንድብ

សក់

ፀጉር

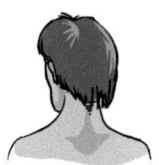

ក

አንገት

មន្ទីរពេទ្យ

ሆስፒታል

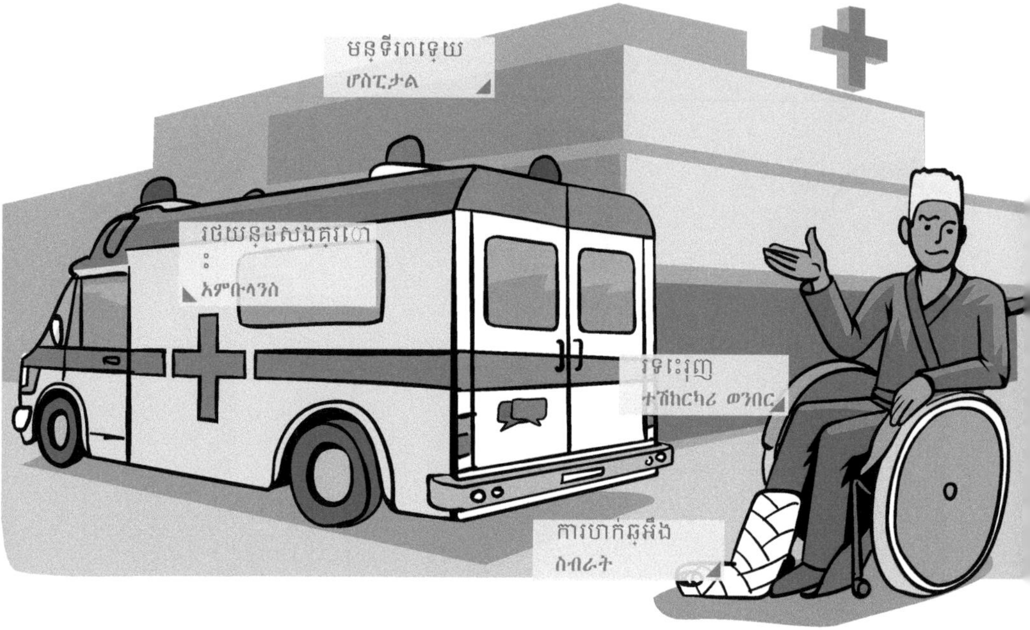

មន្ទីរពេទ្យ
ሆስፒታል
រថយន្ដសង្គ្រោះ
አምቡላንስ
រទេះរុញ
ተሽከርካሪ ወንበር
ការហាក់ឆ្អឹង
ስብራት

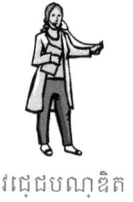

វេជ្ជបណ្ឌិត

ዶክተር

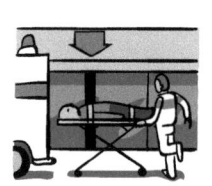

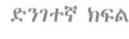

បន្ទប់សង្គ្រោះបន្ទាន់

ድንገተኛ ክፍል

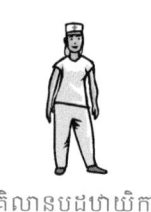

គិលានុបដ្ឋាយិកា

ነርስ

សង្គ្រោះបន្ទាន់

ድንገተኛ

សន្លប់

ራስን መሳት/ አለማወቅ

ការឈឺចាប់

ህመም

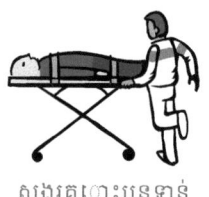

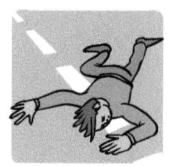

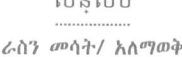

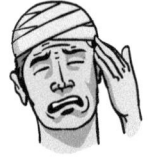

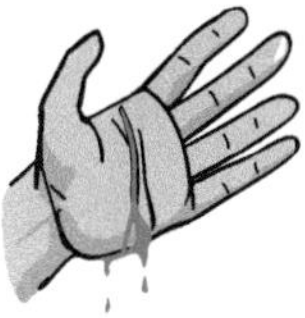

ការរងរបួស

ጉዳት

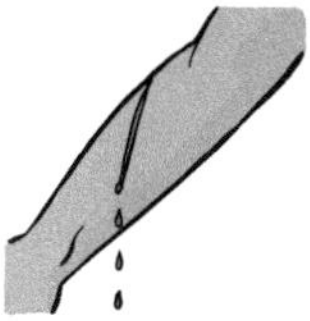

ការហូរឈាម

መድማት

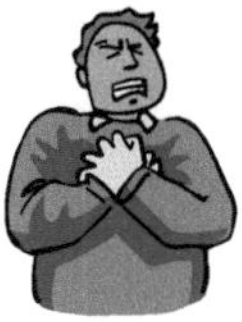

គាំងបេះដូង

የልብ ድካም

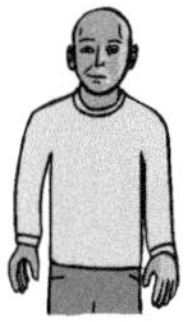

ម្ងឺដាច់សរសៃឈាមក្នុង
ក្បាល

ስትሮክ

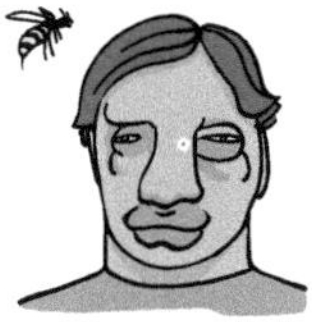

អាលែកហ្ស៊ី

አለርጂ

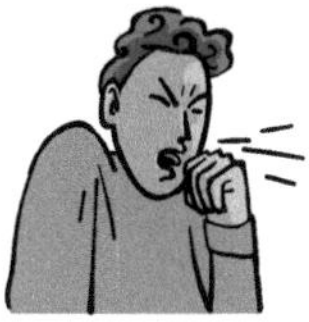

ក្អក

ሳል

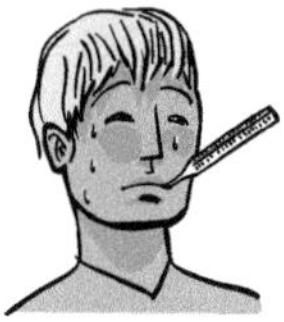

ជំងឺគ្រុន

ትኩሳት

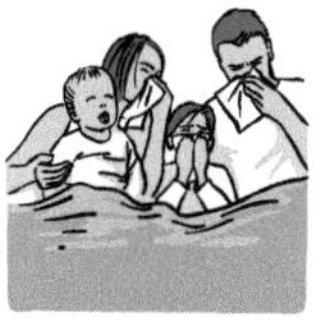

ជំងឺផ្តាសាយ

ኢንፍሉዌንዛ

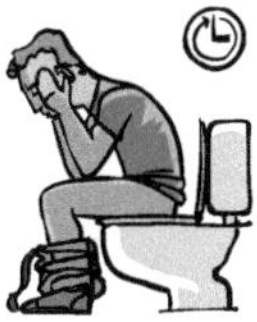

ជំងឺរាគរូស

ተቅማጥ

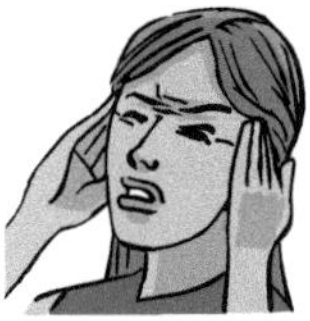

ឈឺក្បាល

የራስ ምታት

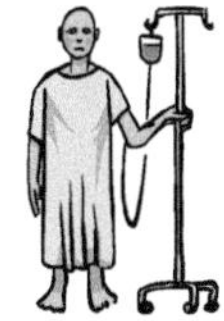

ជំងឺមហារីក

ካንሰር

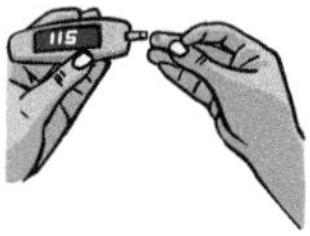

ជំងឺទឹកនោមផ្អែម

የስኳር በሽታ

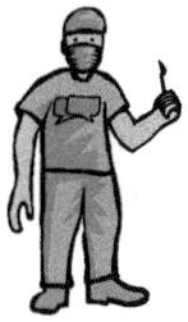

គ្រូពេទ្យវះកាត់

ቀዶ ጠጋኝ ሐኪም

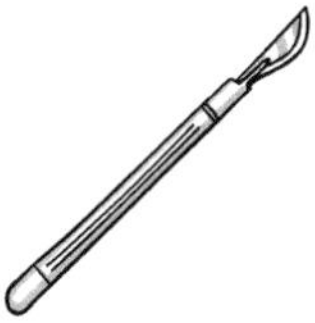

កាំបិតវះកាត់

የቀዶ ጥገና ስለት

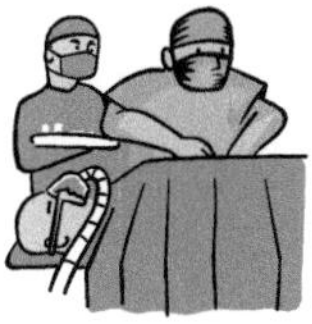

ប្រតិបត្តិការ

ቀዶ ጥገና

CT

ស៊ី.ធី

ሲ.ቲ

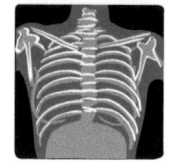

កាំរស្មីអ៊ិច

ኤክስሬዮ

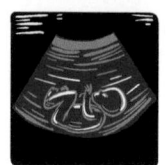

អេកូ

አልተራሳዉንድ

របាំងមុខ

የፊት ጭምብል

ជំងឺ

በሽታ

រង់ចាំបន្ទប់

መጠበቂያ ክፍል

ឈើច្រត់

ምርኩዝ

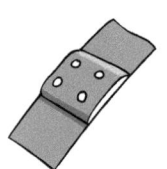

មនាងសិលា

የቁስል ማሰሪያ

បង់រុំ

ፋሻ

ការចាក់ថ្នាំ

መርፌ

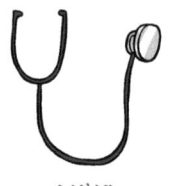

ស្ដេតូ

የልብ ምት ማዳመጫ መሳሪያ

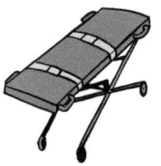

ស្នូនដែរប្រេស

የበሽተኛ አልጋ

ទែម៉ូម៉ែត្រពេទ្យាហាល

የሰውነት ሙቀት መለኪያ መሳሪያ

កំណើតកើត

መውለድ

លើសទម្ងន់

ከልክ ያለፈ ክብደት

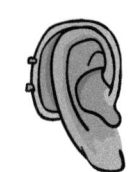

ឧបករណ៍ជំនួយការស្ដាប់

ለመስማት የሚረዳ መሳሪያ

សារធាតុសម្លាប់មេរោគ

ፀረ ተባይ መድሃኒት

ការធ្វលងមេរោគ

ማመርቀዝ

មេរោគ

ቫይረስ

មេរោគអេដស៍ / ជំងឺអេដស៍

ኤች አይቪ ኤድስ

ថ្នាំពទ្វេយ

ህክምና

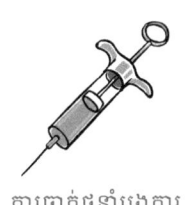

ការចាក់ថ្នាំបង្ការ

ክትባት

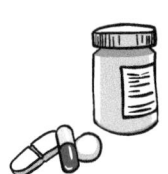

ថ្បេលិត

ኪኒን

ថ្នាំគ្រាប់

ኪኒን

ការហៅទៅលេអាសន្ន

አስቸኳይ የስልክ ጥሪ

ឧបករណ៍ពិនិត្តយសម្ពាធ

ደም ግፊት መቆጣጠሪያ

ឈឺ / មានសុខភាពល្អ

ህመም/ ጤንነት

ជំនួយ!

እርዳታ!

សំឡេងរោទ៍

ማንቂያ ደዉል

ការវាយលុក

ጥቃት

ការវាយប្រហារ

ድብደባ

គ្រោះថ្នាក់

አደጋ

ចូរកចេញតូរវាអាសន្ន

የድንገተኛ መዉጫ

អគ្គីភ័យ!

እሳት!

បំពង់ពន្លត់អគ្គិភ័យ

እሳት ማጥፊያ

គ្រោះថ្នាក់

አደጋ

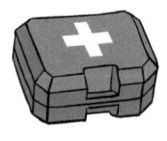

ឧបករណ៍ជំនួយបឋម

የመጀመሪያ እርዳታ መድሃኒት
መያዣ

SOS

ነፍስ አድን

ប៉ូលិស

ፖሊስ

អឺរ៉ុប

አዉሮፓ

អាមេរិកខាងជើង

ሰሜን አሜሪካ

អាមេរិកខាងត្បូង

ደቡብ አሜሪካ

អាហ្វ្រិក

አፍሪካ

អាស៊ី

እስያ

អូស្ត្រាលី

አዉስትራሊያ

អាត្លង់ទិច

አትላንቲክ

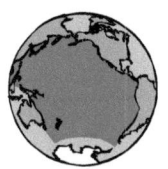

ប៉ាស៊ីហ្វិក

ፓስፊክ

មហាសមុទ្រឥណ្ឌា

የህንድ ዉቅያኖስ

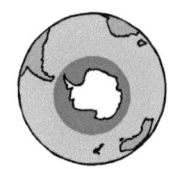

មហាសមុទ្រអង់តាកទិច

አንታርክቲክ ዉቅያኖስ

មហាសមុទ្រអាកទិច

አርክቲክ ዉቅያኖስ

ប៉ូលខាងជើង

ሰሜን ዋልታ

ប៉ូលខាងត្បូង

ደቡብ ዋልታ

អង់តាក់ទិក

አንታርክቲካ

ផែនដី

ምድር

ជីតេលាក

መሬት

សមុទ្រ

ባሀር

កោះ

ደሴት

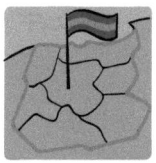

 បុរទេសេជាតិ

አገርና ህዝብ

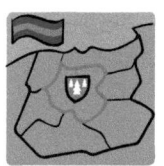

រដ្ឋ

መንግስት

78

មុខនាឡិកា

የሰዓት ገፅታ

ទ្រនិចម៉ោង

ሰዓት

ទ្រនិចនាទី

ደቂቃ

ទ្រនិចវិនាទី

ሴኮንድ

ម៉ោងប៉ុន្មាន?

ስንት ሰዓት ነው?

ថ្ងៃ

ቀን

ពេលវេលា

ጊዜ

ឥឡូវនេះ

አሁን

នាឡិកាឌីជីថល

የቁጥር ሰዓት

នាទី

ደቂቃ

ម៉ោង

ሰዓታት

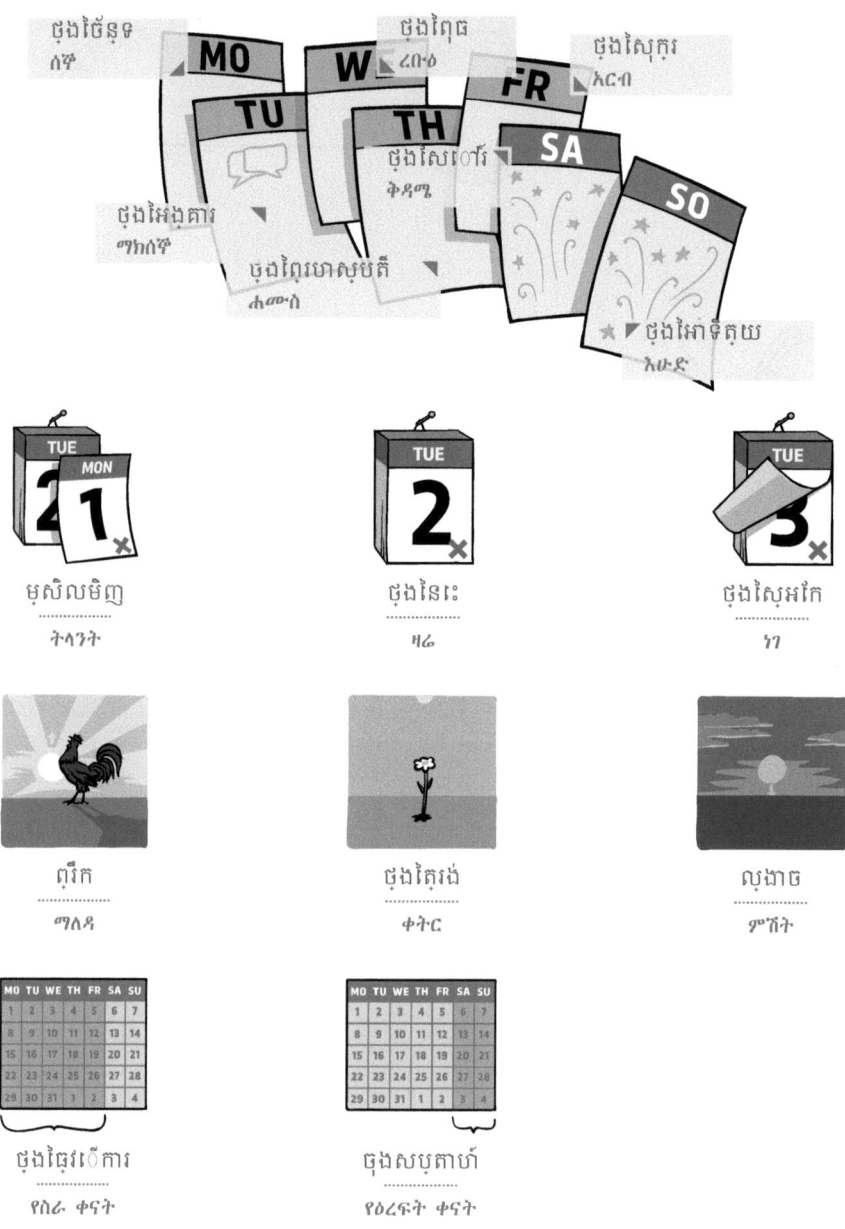

ថ្ងៃចន្ទ · MO · ሰኞ
ថ្ងៃអង្គារ · TU · ማክሰኞ
ថ្ងៃពុធ · WE · ፤ረ‑ብ
ថ្ងៃព្រហស្បតិ៍ · TH · ሐሙስ
ថ្ងៃសុក្រ · FR · ዓርብ
ថ្ងៃសៅរ៍ · SA · ቅዳሜ
ថ្ងៃអាទិត្យ · SO · እሁድ

មុសិលមិញ
ትላንት

ថ្ងៃនេះ
፤ዛሬ

ថ្ងៃស្អែក
ነገ

ព្រឹក
ማለዳ

ថ្ងៃត្រង់
ቀትር

ល្ងាច
ምሽት

ថ្ងៃធ្វើការ
የስራ ቀናት

ចុងសប្តាហ៍
የሳምንት መጨረሻ

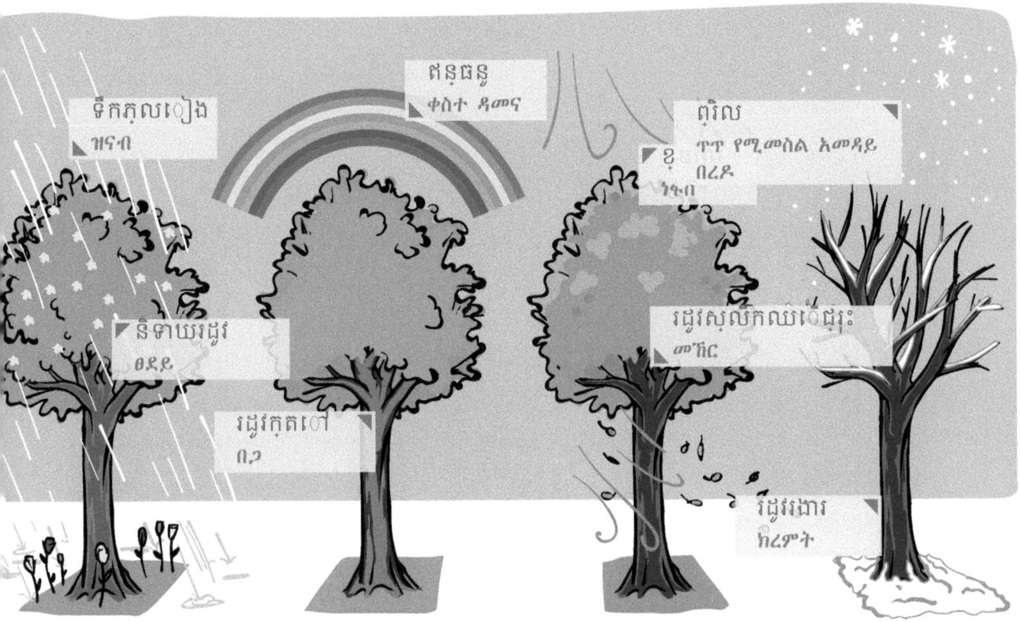

ទឹកភ្លៀង៉ៀង
ዝናብ

ផ្កាធ្នូ
ቀስተ ዳመና

ព្រិល
ጥጥ የሚመስል አመዳይ በረዶ
ንፍብ

និទាឃរដូវ
ፀደይ

រដូវស្លឹកឈើជ្រុះ
መኸር

រដូវក្តៅ
በጋ

រដូវរងារ
ክረምት

...ករ្យាករណ៍អាកាសធាតុ

የአየር ሁኔታ ትንበያ

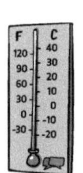

ទ័ម៉ម៉ែត្រ

የሙቀት መለኪያ

ពន្លឺថ្ងៃ

የፀሀይ ሙቀት

ពពក

ደመና

អ៊ុទ្ទ

ጭጋግ

សំណើម

እርጥበታማነት

រន្ទះ
....

መብረቅ

ផ្គរ
....

ነጎድጓድ

ព្យុះ
....

አዉሎ ንፋስ

ព្រិល
....

የበረዶ ዝናብ

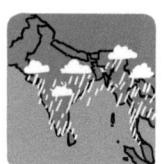

ខ្យល់មូសុង
....

አዉሎ ንፋስ

ទឹកជំនន់
....

ጎርፍ

ទឹកកក
....

በረዶ

ខែមករា
....

ጥር

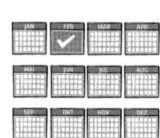

ខែកុម្ភៈ
....

የካቲት

ខែមីនា
....

መጋቢት

ខែមេសា
....

ሚያዚያ

ខែឧសភា
....

ግንቦት

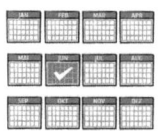

ខែមិថុនា
....

ሰኔ

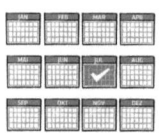

ខែកក្កដា
....

ሐምሌ

ខែសីហា
....

ነሀሴ

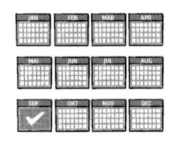

ខែកញ្ញា
....
መስከረም

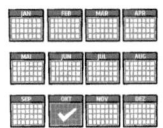

ខែតុលា
....
ጥቅምት

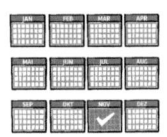

ខែវិច្ឆិកា
....
ህዳር

ខែធ្នូ
....
ታህሳስ

រង្វង់
....
ክብ

ការេ
....
አራት ማዕዘን

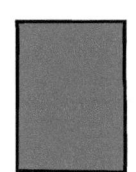

ចតុកោណកែង
....
አራት ቀጥተኛ ማዕዘኖች ያሎት
ያሎት ቅርፅ

ត្រីកោណ
....
ሶስት ማዕዘን

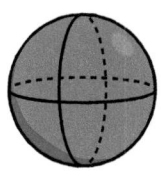

ស្វ៊ែរ
....
ሉል

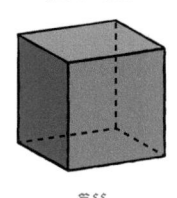

គូប
....
ስድስት ጎን ያለዉ ቅርፅ

ፀሰ̂ሰ

ነጭ

ፀሰ̂ልॄॊंॳ

ቢጫ

ፀሰ̂ፘॄቔॳ

ብርቱካናማ

ፀሰ̂ፘॄቔॳ

ሮዝ

ፀሰ̂ፘॄቔॳ

ቀይ

ፀሰ̂ሱፓክዝ

ወይን ጠዣር

ፀሰ̂ॄॊॳ

ሰማያዊ

ፀሰ̂ፘॄቔॳ

አረንጓዴ。

ፀሰ̂ፘॄቔॳ

ቡኒ

ፀሰ̂ፘॄॳ

ግራጫ

ፀሰ̂ፘॄॳ

ጥቁር

ចុះរើន / គិចគូច

ብዙ/ ጥቂት

ខ្ចឹង / គុរជោក៏ចិគួគ

ንዴት/ እርጋታ

សុរស់សុអាគ / អាកុរក៏

ቆንጆ/ አስቀያሚ

ចាប់ផ្ដគើម / បញ្ចប់

ጅማራ/ ፍጻሜ

ធំ / គូច

ትልቅ/ ትንሽ

ភ្លឺ / ងងឹត

ደማቅ/ ደብዛዛ

ងប់អូនបុរស / បងប៉ុនអូនស្ត្រី

ወንድም/ እህት

សុអាគ / កខ្វរក៏

ንፁህ/ ቆሻሻ

ពញ្ចលញ / មិនពញ្ចលញ

የተሟላ/ ያልተሟላ

ថ្ងៃ / យប់

ቀን/ ምሽት

សុលាប់ / នៅរស់

የሞተ/ ህያዉ

ធំលាយ / គូចចង្អរល្ហៀត

ሰፊ/ ጠባብ

អាចបរិភោគបាន /
មិនអាចបរិភោគបាន

የሚበላ / የማይበላ

ចិត្តអាក្រក់ / ចិត្តល្អ

ክፉ / ደግ

ការវិកឿប / អផ្សុក

ደስተኛ / ድብርተኛ

ធាត់ / សូគម

ወፍራም / ቀጭን

ដំបូង / ចុងក្រោយ

መጀመርያ / መጨረሻ

មិត្តភក្កុតិ / សត្រូវ

ጓደኛ / ጠላት

ពេញ / ទទេ

ሙሉ / ባዶሎ

រឹង / ទន់

ጠንካራ / ለስላሳ

ធ្ងន់ / សួរល

ከባድ / ቀላል

ភាពអត់យុឍាន /
ការសុរេកយុឍាន

ፈሃብ / ጥማት

ឈឺ / មានសុខភាពល្អ

ህመም / ጤንነት

ខុសច្បាប់ / តួរុចហប់

ህጋዊ / ህጋዊ

ឲ្យាគរវ៉ / ឲ្យកូត

ጎበዝ / ደደብ

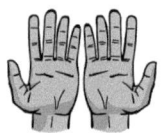

ឲ្យរេង៉ / សុគាំ

ግራ / ቀኝ

ជិត / ឆ្ងាយ

ቅርብ / ሩቅ

ថ្មី / ហានប៉ុរេ៉

អዲስ/ አዲሱ

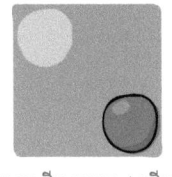

គ្មានអ៊ីសេទោះ / អ៊ីម៉ួយ

ምንም/ የሆነ ነገር

ចាស់ / កុមង៉

ሽማግሌ/ ወጣት

បៃ៉ក / បិទ

የበራ/ የጠፉ

បៃ៉ក / បិទ

ክፍት/ ዝግ

សូងប់សូងាត់ / ឪខ្លាំង

ፀጥታ/ ጫጫታ

មាន / កុរ

ሃብታም/ ደሃ

គ្រូវ / ខុស

ትክክለኛ/ የተሳሳተ

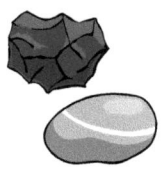

គុរេ៉ម / របេ៉ង

ሻካራ/ ለስላሳ

ហាកចិត្ត / សប៉ហាយចិត្ត

ሐዘን/ ደስታ

ខុលី / រ៉ៃង

አጭር/ ረዥም

យ៉ឺត / លេ៉ឿន

ዝግተኛ/ ፈጣን

សរេ៉ម / សុង្គុត

እርጥብ/ ደረቅ

កុតទៅ / គុរជាក់

ሞቃት/ ቀዝቃዛ

សង្គុគាម / សន្តិភាព

ጦርነት/ ሰላም

0
សូន្យ
ዜሮ

1
មួយ
አንድ

2
ពីរ
ሁለት

3
បី
ሶስት

4
បួន
አራት

5
ប្រាំ
አምስት

6
ប្រាំមួយ
ስድስት

7
ប្រាំពីរ
ሰባት

8
ប្រាំបី
ስምንት

9
ប្រាំបួន
ዘጠኝ

10
ដប់
አስር

11
ដប់មួយ
አስራ አንድ

12
ដប់ពីរ
....
አስራ ሁለት

13
ដប់បី
....
አስራ ሶስት

14
ដប់បួន
....
አስራ አራት

15
ដប់ប្រាំ
....
አስራ አምስት

16
ដប់ប្រាំមួយ
....
አስራ ስድስት

17
ដប់ប្រាំពីរ
....
አስራ ሰባት

18
ដប់ប្រាំបី
....
አስራ ሰስምንት

19
ដប់ប្រាំបួន
....
አስራ ዘጠኝ

20
ម្ភៃ
....
ሃያ

100
រយ
....
መቶ

1.000
ពាន់
....
ሺህ

1.000.000
លាន
....
ሚሊዮን

អង់គ្លេស

እንግሊዝኛ

អង់គ្លេសអាមេរិក

የአሜሪካ እንግሊዝኛ

ចិនកុកធ្លី

የቻይና ማንዳሪን

ហិណ្ឌូ

ሂንዱ

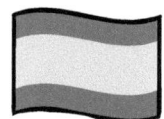

អេស្ប៉ាញ

ስፓኒሽ

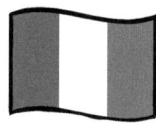

ហារ៉ាំង

ፈረንች

អារ៉ាប់

አረብኛ

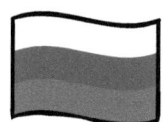

រុស្សី

ራሺያኛ

ព័រទុយហ្គាល់

ፖርቹጊዝ

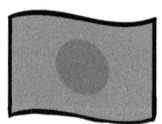

បង់ក្លាដេស

ቤንጋሊ

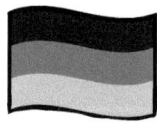

អាល្លឺម៉ង់

ጀርመን

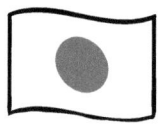

ជប៉ុន

ጃፓንኛ

ខ្ញុំ

እኔ

អ្នក

አንተ

គាត់ / នាង / វា

እሱ/ እርሷ/ እቃዉ

យើង

እኛ

អ្នក

አንተ

ពួកគេហេន

እነርሱ

នរណា?

ማን?

អ្វី?

ምን?

របៀបណា?

እንዴት?

កន្លែងណា?

የት?

ពេលណា?

መቼ?

ឈ្មោះ

ስም

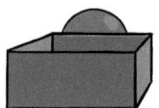

ពីក្រោយ

በስተ ጀርባ

ក្នុង

ዉስጥ

ពីមុខ

ከፊት ለፊት

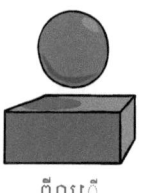

ពីលើ

ከላይ

នៅលើ

ላይ

នៅក្រោម

ከስር

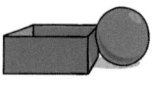

នៅក្បែរ

አጠገብ

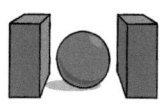

រវាង

መሃከል

កន្លងៃ

በታ